FRAGMENTOS DE UM OLHAR PSICODRAMÁTICO

Dados Internacionais de Catalogação na Publicação (CIP)
(Câmara Brasileira do Livro, SP, Brasil)

Perazzo, Sergio, 1943-
Fragmentos de um olhar psicodramático / Sergio Perazzo. — São Paulo : Ágora, 1999.

Bibliografia.
ISBN 85-7183-656-6

1. Psicodrama I. Título.

CDD-616.891523
99-0694 NLM-WM 460

Índice para catálogo sistemático:

1. Psicodrama : Psicoterapia : Medicina 616.891523

FRAGMENTOS DE UM OLHAR PSICODRAMÁTICO

Sergio Perazzo

ÁGORA

FRAGMENTOS DE UM OLHAR PSICODRAMÁTICO

Capa:
Luciano Pessoa

Editoração Eletrônica:
Acqua Estúdio Gráfico

Editora Ágora Ltda.
Rua Itapicuru, 613 — cj. 82
05006-000 — São Paulo, SP
Telefone: (011) 3871-4569
http://www.editoraagora.com.br
e-mail: editora@editoraagora.com.br

Para Cecília e Clara,
minhas razões principais
de ser e de viver.

Para Acauã, Marcelo, Maíra, Pedro e Daniella,
os sobrinhos do Capitão, pela ordem de chegada.

Para Eunice,
minha mãe,
ainda em *status nascendi*
aos setenta e cinco.

Agradecimentos

À Cecília, pela digitação e pelo carinho.

À Edith, pela edição.

Ao meu amigo Calvente, pelo prefácio.

Se de um casulo sai uma borboleta,
algo se rompe e algo se liberta em asas.
E este algo de asas é uma outra coisa que não o casulo,
embora tenha sido parte dele um dia, em sua imobilidade
e em sua relação fechada e larvar com o mundo.
Livre, enfrentará outros perigos, teias, paralisações e noites,
mas terá em si mesmo seu plano de vôo e, no ato de voar,
o desempenho de um novo papel antes inexistente,
que lhe permitirá encontrar o pólen e fecundar as flores.

SUMÁRIO PROPRIAMENTE DITO

CONTRA-SUMÁRIO
(OU SUMÁRIO BEM-COMPORTADO)

PREFÁCIO

Aquecimento inespecífico

Há vários meses, em uma das visitas que faço ao Sergio, à Cecília e à Clara quando viajo a São Paulo, enquanto Cecília — ajudada ou atrapalhada pela Clara — terminava de pôr a mesa para o jantar, Sergio me cobrava: "Quando sai teu livro?". Em seguida, comentou que estava preparando seu terceiro livro e me disse que gostaria que eu o prefaciasse. Agradeci-lhe e senti-me muito homenageado, mas, no fundo, pensei que não passasse de um gesto amável.

Há um par de meses, no Congresso de Campos de Jordão, ao me encontrar com Sergio, ele me lembrou: "Termino o livro no fim do ano e vou enviá-lo para você para que faça o prefácio". Me dei conta de que era para valer e senti ansiedade pela responsabilidade que isso implicava. No primeiro dia deste ano, e com os tropeços próprios dos neófitos "telemáticos", recebi o livro via *Internet*.

Aquecimento específico

Aqui estou, com mais de cento e cinqüenta folhas, que a impressora vai me entregando. Como o computador está programado com a ortografia em espanhol, a cada tanto põe um cartaz que me diz: "O texto tem erros excessivos de ortografia". Este bicho cibernético não entende de psicodrama.

Finalmente, tenho o texto, apesar dos protestos da impressora, e vou para o escritório disposto a mergulhar nesta produção perazziana.

Dramatização

Não vou detalhar o desenvolvimento da dramatização que foi se sucedendo ao longo de dezessete cenas com uma intensa catarse de integração, já que seria excessivo para um prefácio. Por outro lado, pode ser vivida por cada leitor que a ela recorra, obtendo assim uma versão mais pessoal do que a que eu possa transmitir-lhe.

Compartilhando (Sharing)

Sim, posso compartilhar e comentar. Posso compartilhar que recordei-me, enquanto lia (dramatizava?), que, em algum lugar, Moreno escreveu que certa ocasião, quando tivera de dar uma conferência, havia escrito um texto para realizá-la. No momento de enfrentar o auditório, abandonou o texto para ter um encontro autêntico. Lembreime disso porque senti em vários capítulos-cenas que Sergio não precisaria abandonar o texto, já que ele consegue uma transmissão direta e forte.

Também aconteceu lembrar-me, em algum momento, dos *Fundamentos do psicodrama* (*Las bases de la psicoterapia*), em que Moreno polemizava com diferentes autores. A seu modo, Sergio aproveita algum fato para polemizar e questionar conceitos com veemência moreniana.

Senti também impaciência e incômodo com Sergio em algumas cenas. Por exemplo, quando arremete contra o Jogo ou contra a Matriz de Identidade, pois em seu apaixonamento gera uma situação binária: com ele ou contra ele. Senti, por fim, a ternura comovida do começo de *A Rosa do Morumbi* como se realmente eu tivesse estado ali.

Comentários

Não há dúvida, estamos diante de um autêntico Perazzo. Apaixonado, às vezes chegando até ao fanatismo, brilhante, divertido. A maioria dos capítulos ou cenas tem um desenvolvimento tipicamente psicodramático. A partir de uma recordação, de um episódio ou de uma vivência colocada como primeira cena, vai aprofundando, abrindo, mostrando suas idéias num desenvolvimento seqüencial. No meu entender, isto torna-o ágil e próximo, provocando um movimento estimulante.

Uma reflexão, que este livro me ajudou a amadurecer, é que, talvez, alguns dos desencontros que se produzem no modo de viver e de entender o psicodrama estão relacionados com a área em que cada um o utiliza predominantemente. Quero dizer que quem o utiliza mais na assistência clínica — correspondendo ao psicodrama processual — precisa da ampliação para os aspectos transferenciais e intrapsíquicos, como aparece em um par de capítulos, especialmente no décimo sexto, no qual Sergio diz: "Logo, a relação que o sujeito-protagonista estabelece com seus personagens na cena psicodramática é e só pode ser, em última análise, uma relação com ele mesmo, e é este o material do nosso trabalho".

Quem trabalha em áreas como família, ou no que se convencionou chamar de psicodrama aplicado ou em sociodrama, se expande mais para o sociométrico.

Há sentido em querer estabelecer qual é o verdadeiro psicodrama?

Para finalizar, me ocorre que Sergio consegue reformular a sociometria, pois das três opções clássicas, o neutro não lhe cabe, e isto não é pouco. Quanto a mim, predominaram as mutualidades positivas que nos levam a este Encontro, que inclui algo mais que o papel profissional.

Ao ler o capítulo final: "A Vida Mais uma Vez", ocorreu-me que estes quinze movimentos formam um, que estaria no começo do livro; aquele movimento que, entre outras coisas no livro, gera ajuda para elaborar (palavra de que o Sergio não gosta muito) a nossa finitude.

Carlos Calvente
Psiquiatra e psicodramatista

La Plata, janeiro de 1999

INTROITU AD ALTARE DEI

Que introdução é essa? Que altar é esse? Que deus é esse?

Meu sentimento acompanha, muitas vezes, aquele médico espanhol, que era um fantástico desenhista e que dedicou sua vida a compor um atlas de anatomia perfeito em suas cores e detalhes.

Embora tivesse a imaginação do artista e a precisão do cientista, não conseguia ser visto nesta dupla dimensão ao mesmo tempo.

Os médicos diziam: "Ora, é um artista!".

E os artistas: "É apenas um médico que desenha!".

Como entendo o psicodrama como uma fusão indissociável entre filosofia, ciência e arte, é natural que, nesta introdução, eu me coloque junto ao altar de um deus que só pode ser concebido como o meu semelhante, em que me espelho e para quem atuo, eu também deus, numa disposição compartilhada que me arranca da solidão e me lança com outro ser-em-relação na incrível aventura do viver.

Por isso mesmo, levo o psicodrama às últimas conseqüências porque, até na elaboração de um livro, o mesmo princípio que harmoniza o que entendo por filosofia, ciência e arte deve prevalecer.

Não só no meu trabalho clínico ou didático de meu dia-a-dia.

Não é possível, para mim, no momento em que escrevo, dissociar o poeta e o músico que vivem aqui dentro e me comportar como um alfarrabista seco e cem por cento objetivo, distante da vida só porque produz livros.

Quantas vezes ouvi dizer, como o anatomista espanhol, que meus textos são muito poéticos, como um pecado impensável a quem pretendesse alcançar uma objetividade científica que não deixa ninguém perder tempo à toa.

Também é verdade que tocar a veia do sentimento e da emoção me trouxe de volta muito mais do que, nestes anos todos de profissão, eu pude oferecer em troca.

Por esta razão, resolvi fazer uma concessão, não fazendo.

Dei aos capítulos, incluindo a introdução, os nomes que a minha imaginação bem quis, querendo com isso instigar o leitor numa procura que o fizesse descobrir, pela leitura, o significado de tudo isso. Como que não antecipando o final e mergulhando junto no prazer da descoberta e da emoção, afinal, o meu material de trabalho.

Entretanto, cansei-me também de ver "perdidas", por preguiça de procura, entre minhas incursões poéticas, muitas de minhas contribuições à teoria e à técnica do psicodrama, só porque não tinham um título acadêmico convencional.

Resolvi redigir, então, um Sumário Propriamente Dito com os nomes originais e, de coração, dos capítulos. E um outro, Contra-Sumário ou Sumário Bem-Comportado, para os títulos "científicos", vamos dizer assim.

Ao leitor que prefere me acompanhar na surpresa e no desconhecido, aconselho a pular o segundo, se a curiosidade deixar, é claro.

No entanto, que ele fique como uma fonte de referência objetiva, para quem precisar.

Não abri mão, porém, de manter só os títulos de origem na abertura de cada capítulo.

Daí a concessão e a não concessão.

Dividi estes fragmentos de meu olhar psicodramático em quatro partes, em que aproveito alguns trabalhos já publicados, aqui revistos e ampliados e em que acrescento textos inéditos.

A primeira parte compreende, o que chamei de Profissão de Fé, uma pequena visão crítica do que entendo ser o papel de psicodramatista, num plano ético e político diante do sofrimento humano.

A segunda, mais contundente, trata dos acertos e equívocos, do meu ponto de vista, das formulações teóricas e técnicas do psicodrama atual, dando particular atenção aos excessos e cristalizações do pensar e agir psicodramáticos.

Confesso que não resisti, aqui, ao exercício da irreverência. Afinal de contas, um pouco de irreverência, sem *overdose*, não faz mal a ninguém e, ainda por cima, tempera o recado.

Na terceira parte, desenvolvo a minha maior preocupação destes últimos anos, que é ajudar a construir uma teoria da fantasia e da criatividade no psicodrama com foco na co-criação e na noção de movimento.

Agradeço de coração à minha editora, Edith Elek, por me permitir republicar, neste livro, *Perséfone e o mendigo* que, embora ligeiramente modificado, faz parte de uma outra obra, de vários autores, *Rosa-dos-ventos da teoria do psicodrama*, publicado pela própria Ágora em 1994.

A razão deste meu pedido à Edith se deve ao indispensável sentido de unidade que eu quis imprimir a este conjunto de formulações que constituem esta terceira parte, sem o que faltaria um pedaço importante para a compreensão do todo.

Fechando o livro, retomo o tema da morte e do luto, objeto do meu primeiro livro (*Descansem em paz os nossos mortos dentro de mim*, também editado pela Ágora), como uma sinfonia de exaltação da vida em toda a sua riqueza e poesia e, como não poderia deixar de ser, em suas inserções psicodramáticas.

De resto, a bola da vez é o leitor, neste altar de Deus, a co-criação.

Primeira Parte

PROFISSÃO DE FÉ

1

O MENDIGO DA MINHA RUA

Ao mendigo da minha rua não importa que horas são. Muito menos em que equinócio ele se situa, em que século, em que milênio.

Entre uma cusparada e outra, ele se levanta com o sol, deixa escorregar o cobertor imundo na calçada, marcando território para a noite seguinte com a total segurança de que ninguém vai roubá-lo mesmo. O aspecto repugnante de sua coberta é a melhor defesa de tal transitório latifúndio.

Seguido de perto pelo seu cão sarnento, a que está aderido por um fio invisível, tenta o pão com o português do boteco da esquina que lhe vocifera as cores berrantes da lusa. Se não der, o dar de ombros tentará a padaria mais próxima.

Lá de cima, vendo toda esta trajetória inútil do destino humano, o próprio sol abre um sorriso satírico e caloroso ao contemplar nossos esforços de marcar o dia, dando andamento ao mostrador do relógio ou destacando as folhinhas do calendário.

Não muda o sol na sua grandeza de quinta categoria, que insistimos ser de primeira, em nosso universo diminuto. Mudamos nós, conservadores, acreditando que o mundo só muda, em seu mudo espanto, na virada do milênio. É a Terra, coitada, que gira desesperada em torno do Sol que, chova ou resseque, tem sempre a mesma cara, aqui desta distância sideral, apesar de suas explosões de fogo.

E ficamos todos imobilizados como o homem medieval, na virada dos anos mil, à espera de um milagre ou do fim do mundo. Se a hecatombe não vier, contrataremos o Joãosinho (é com "s" mesmo, redação!) Trinta para carnavalescar o nosso júbilo, assim como a virada para o segundo milênio deu berço ao carnaval. Alívio e batucada geral!

Estamos assegurados (ufa!) por mais mil anos e não temos mais por que nos preocupar, apesar da garantia de nossos físicos que, depois do *Big-Bang*, o universo está e estará em permanente expansão. Não haverá o *Bang-Big*, nos diz o cosmólogo Stephen Hawking através de seu processador de voz.

Então, por que diabos há cinco anos, pelo menos, não se vai a um único congresso de qualquer corrente de psiquiatria, psicologia ou psicoterapia, em que não se multipliquem trabalhos, mesas, painéis etc. com algum título referindo-se ao Terceiro Milênio?

Prever que na virada do século, ou melhor, do milênio, os homens vão continuar se matando a par dos saltos tecnológicos que eles serão capazes de ampliar, é tão certo desde que o mundo é mundo e nisto não há qualquer novidade. A diferença é a velocidade e a escala em que isso acontece e a possibilidade de contemplação de tais fatos no momento em que ocorrem, sem sequer precisar se levantar da poltrona em que se está ancorado. Afinal de contas, as Cruzadas, a Guerra dos Cem Anos e a Revolução Francesa não são deste século e, embora pudéssemos acreditar e esperar que depois de tais lições da História o homem teria aprendido algo de melhor, para ser melhor, mesmo os céticos, que não apostariam no século XX, não poderiam prever o Holocausto, o Vietnã, Hiroshima e Nagasaki, Coréia, Biafra, a Bósnia, a bomba-relógio permanente do Oriente Médio, os expurgos stalinistas e os chineses da revolução cultural maoísta desta era maravilhosa de computadores e de satélites.

A natureza humana sempre carregou e sempre carregará contradições que lhe são inerentes, o que não deve servir de desculpa para não se lutar contra as desigualdades sociais e as injustiças cruéis que nos rodeiam cada vez mais a cada momento.

O que não dá para aceitar é que os psicoterapeutas que, querendo ou não, se constituem numa das camadas de uma elite cultural de nossa época, fiquem beatificados aguardando a virada do milênio, quer imersos em previsões até certo ponto previsíveis e até certo ponto imprevisíveis ou, o que é pior, contando a ação pelo tempo fictício do relógio, mera convenção humana, e não pelo movimento constante da vida, atemporal em seu acontecer. Ou que a falta de lucidez supersticiosa, nascida da imaturidade reflexiva, tenha como batismo elegante as palavras "alternativo", "holístico" ou "ecológico", elevadas à condição de categoria, sem dimensionar-lhes sua verdadeira importância e significado.

O futuro é já. A ação demolidora da degradação humana é agora e o nosso papel é estar com e do lado do nosso semelhante, como semelhante, sempre, com nossas próprias dúvidas, indagações, contradições e esperança, sem a alienação do mendigo da minha rua, mas trazendo-o para a conquista do pão no boteco do português.

E não me venham de novo falar em milênios.

2

A SENHA DE ABULAFIA

Sinto-me como Casaubon, um personagem de Umberto Eco, diante de Abulafia, um processador de textos, sem saber que tecla acionar, procurando o nome de Deus, num computador, entre setecentas e vinte possibilidades de seis letras. É o próprio Casaubon que admite ter-se "obstinado numa hipótese elegante mas falsa"[1]. Segundo ele, "ocorre com os melhores cientistas. Não, com os melhores cientistas, só, não. Com todos"[2]. E diante da pergunta inevitável e repetitiva que brilha na tela à sua frente ("Tens a senha?"), abandonando a hipótese de ter como resposta um dos muitos nomes de Deus, finalmente responde desanimado: "Não". E como por encanto, desfila ante seus olhos uma enxurrada de frases intermináveis gravadas no disquete.

A confissão da ignorância é a chave do conhecimento.

Mais relevante que listar convergências e divergências sobre psicoterapia e medicação nas situações de sofrimento psíquico, me parece refletir sobre o estágio tecnologicamente avançado da ciência médica neste fim de século, sobre seus pontos cegos e suas dificulda-

1. ECO, U. *O pêndulo de Foucault*. Rio de Janeiro, Record, 1989.
2. Idem, ibidem.

des diagnósticas na psiquiatria, sobre a fronteira humana entre vida e morte configurando a perspectiva do sofrimento e sobre a insuficiência da função de educador de saúde do papel de médico e, particularmente, da função de educador de saúde mental do papel de psiquiatra, de psicólogo e de psicoterapeuta.

Qualquer polarização cristalizada em torno da psicoterapia negando as descobertas e reformulações da fisiologia, da fisiopatologia ou da farmacologia ou vice-versa, tem como resultado o prejuízo do principal interessado, ou seja, o nosso cliente ou paciente.

Se, por um lado, legiões de pesquisadores se empenham em explicar funções e patologias com tecnologia sofisticada, que nos transporta bioquímica e biofisicamente até o interior das células ao nível atômico e molecular, por outro lado, um grande contingente de psiquiatras e de psicólogos está sempre aprofundando e reformulando questões ligadas à psicopatologia e à psicodinâmica, o que permite um constante reembasamento teórico e novas perspectivas nosográficas e psicoterápicas. Desconhecer qualquer dos dois movimentos é subestimar, com certeza, a inteligência, o esforço e a honestidade dos integrantes, quer de um quer de outro grupo.

Particularmente no campo das depressões, que vamos tomar como exemplo para ilustrar este debate, são muito numerosas as contribuições de parte a parte e as discrepâncias resultantes.

Sonenreich, Kerr-Corrêa e Estevão, em magnífico estudo sobre o conceito de doenças afetivas, após discutirem amplamente as contradições existentes sobre o tema, desde o próprio conceito de afetividade, até as tentativas de localização cerebral dos afetos, sobre o que provam a falta de unanimidade de entendimento, chegam a abordar assuntos tão complexos quanto o papel dos neurotransmissores e da cronobiologia. Estes autores propõem dois parâmetros que permitem amparar o diagnóstico de mania, de depressão e de quadro ansioso, com muito maior segurança e de uma nova forma, diversamente do que é proposto pelo CID 9 e pelo DSM III-R[3]: a velocidade dos processos mentais e o campo vivencial.

---

3. Respectivamente, os códigos atuais de classificação internacional e americano de doenças.

Esta é uma evidência de que não estamos tratando de algo que não exija de nós um trabalho de reflexão e de atualização constantes.

Uma das dificuldades que encontramos para harmonizar os novos conhecimentos alcançados pela psiquiatria clínica, tanto no campo da psicopatologia e da nosologia quanto no da psicofarmacologia e os das diversas correntes psicoterápicas, é que, no correr dos anos da prática profissional, acabamos por nos tornar cada vez mais especialistas de uma área cada vez mais restrita, que tende a nos fazer correr o risco de afastamento de uma visão de conjunto.

Despendendo tanto tempo no estudo e na produção de questões relativas à teoria e à técnica do psicodrama, há mais de duas décadas, eu precisaria, no mínimo, de tempo igual para dominar razoavelmente os caminhos trilhados neste ínterim pela neurofisiologia, pela psicanálise, pela teoria sistêmica, pela cronobiologia, pela psicofarmacologia etc. etc. etc., tarefa que considero impossível de ser cumprida. Não é à toa que muitas vezes temos a sensação de estarmos falando das mesmas coisas com uma linguagem, postura ou concepção diferentes.

Fala-se de psicoses afetivas, distúrbios afetivos maiores, depressão endógena, distúrbio bipolar, conteúdos depressivos, distúrbios ciclotímicos etc., como se todos nós entendêssemos a mesma coisa diante destes termos e adotássemos exatamente o mesmo critério denominativo e conceitual, quando o próprio significado do que chamamos afetividade e do que nomeamos depressão vêm sendo profundamente questionados.

Numa outra vertente, o ponto de vista do qual partir quando se trata de psicoterapia delimita igualmente posturas diversas, quer circunscrevendo o processo psicoterápico a uma via para o autoconhecimento, quer vinculando-o necessariamente ao alívio de um sofrimento gerado por fantasmas internos e pelo imobilismo existencial, que têm por base o conflito e o sintoma, qualquer que seja a sua origem.

Navarro, em suas valiosas e inesquecíveis supervisões de psicodrama, há pelo menos vinte anos, já enfatizava a tendência do psicoterapeuta médico em se posicionar desta última forma.

Ele nos chamava a atenção para a presença marcante da morte no transcorrer de todo o curso médico, o que criava dentro de cada estudante de medicina um compromisso de luta e de urgência contra ela, de modo que o alívio do sofrimento era uma marca indelével que ficava gravada mesmo naqueles que escolhiam seguir o caminho da psiquiatria e, particularmente, da psicoterapia.

No que diz respeito a mim, posso assegurar que esta afirmação é verdadeira e que sempre me calou fundo. Não posso evitar seguir este modelo, que está muito além do juramento hipocrático, porque vivencial.

Segundo Garrido-Martín, "na antropologia moreniana, a espontaneidade adoece em suas funções de adequação e de criação. E também a dimensão relacional do indivíduo pode adoecer, envolvendo assim o grupo e a tangibilidade, e ocasionando a patologia do papel"[4].

Fonseca, em 1980, correlaciona o conceito de saúde-doença com a maior ou menor capacidade de inversão de papéis com o outro, de experienciação e de possibilidade de estabelecer situações de encontro com este outro.

Em 1992, ainda Fonseca, analisando as correlações entre psicoterapia e medicação, nos adverte: "A postura de nunca medicar, deixar de medicar quando há indicação ou de não encaminhar para o psiquiatra clínico é preconceituosa e desumana na medida em que intensos sofrimentos podem ser aliviados sem prejuízo para o processo psicoterápico"[5].

Bustos, em 1975, enfatiza a importância de situar o conflito não só no indivíduo, mas entre indivíduos. Confessa também não conseguir se desvincular do modelo médico, que exerce forte influência sobre ele, apesar de compreender a doença como algo "não meramente biológico, nem meramente psicológico, nem meramente social, mas, sim, psicobiossocial"[6].

Castello de Almeida afirma, em 1988, que "por influência das discussões filosófico-semânticas sobre o que seja tratar e curar nas psicoterapias, formou-se a idéia equivocada de que elas não tenham esses objetivos"[7]. Coloca-se claramente entre aqueles que pronunciam a palavra cura sem medo e sem restrições porque entende a psi-

---

4. GARRIDO-MARTÍN, E. *Psicologia do encontro: J. L. Moreno*. São Paulo, Ágora, 1986.
5. FONSECA FILHO, J. S. Psicoterapia e medicação. *Temas*, 43. São Paulo, 1992, pp. 30-35.
6. BUSTOS, D. M. *Psicoterapia psicodramatica*. Buenos Aires, Editorial Paidós, 1975.
7. ALMEIDA, W. C. *Formas do encontro: psicoterapia aberta*. São Paulo, Ágora, 1988.

coterapia como tendo a "finalidade precípua de tratar e buscar a cura, prevenir a doença mental e promover a saúde emocional"[8]. Diz ainda que o tratamento psicofarmacológico não guarda relação com as técnicas psicoterápicas. Ambos apenas se "complementam e se influenciam, cada qual atuando em áreas específicas"[9].

Sonenreich, Kerr-Corrêa e Estevão concebem a doença mental como resultando numa restrição de escolha no plano existencial e, como tal, não desvinculada de sofrimento.

Mudando de perspectiva, gostaria de compartilhar com o leitor o meu espanto diante da desinformação geral do brasileiro em questões relativas à saúde.

Iniciei minha trajetória profissional há mais de trinta anos, primeiro como gastrenterologista, depois, como psiquiatra, e até hoje me choco quando estou diante de pessoas cultas, capazes de discorrer com desenvoltura sobre arte, política, história etc., e com igual desembaraço afirmarem barbaridades a respeito de saúde e de doença, o equivalente a dizer que a capital da França é Tóquio ou que Picasso foi o mais importante cineasta do século XVII, sem o menor decoro e acreditando piamente no que dizem, alvo perfeito para qualquer espécie de charlatanismo.

Sem pretender fechar a questão ou esgotar argumentos sobre tal incongruência, parece-me que uma parte importante da manutenção deste estado de coisas se localiza na negligência da função de educador de saúde do papel de médico.

Seja porque a formação médica ressalta pouco esta dimensão do papel, seja porque o atendimento em série e veloz de pacientes nas instituições hospitalares e ambulatoriais sacrifica tal função, a verdade é que o médico se acostuma a não informar e o paciente a não perguntar, perpetuando-se crenças e preconceitos que poderiam ser facilmente desfeitos se a consciência da importância desta função do papel de médico estivesse em primeiro plano para os dois.

O mesmo pode ser dito do psiquiatra, do psicólogo e do psicoterapeuta de uma maneira geral, no que diz respeito à saúde mental e emocional.

---

8. ALMEIDA, W. C. *Formas do encontro*, *opus cit.*
9. Idem, ibidem.

Juntando estes quatro parâmetros, quais sejam, o estágio atual do desenvolvimento da ciência médica, as limitações da psiquiatria, a perspectiva do sofrimento e a função de educador de saúde, tentarei relacioná-los a alguns procedimentos e dificuldades presentes na articulação entre psicoterapia e medicação nas depressões, tomadas aqui como exemplo de distúrbios psíquicos mais abrangentes em que as mesmas questões se colocam.

Diante da visão, então, do homem deprimido e, portanto, sofrendo pela lentificação de seus processos mentais e pela restrição de seu campo vivencial, a ponto de, muitas vezes, correr o risco de suicídio, é indiscutível o benefício de que ele pode usufruir com a associação de psicoterapia e medicação que, como vimos, é vista por vários autores como compatível e adequada.

As perguntas que imediatamente nos ocorrem quando tal questão é levantada são, pelo menos, as seguintes:

Quando medicar? Quem medica? O psicoterapeuta está devidamente atualizado para prescrever medicação antidepressiva? A medicação interfere no processo psicoterápico? Há dúvidas quanto ao diagnóstico de depressão? Se há dúvidas, o que fazer? O psicoterapeuta utiliza ou não o referencial nosográfico e os conceitos de psicopatologia da psiquiatria clínica?

Tentando responder a estas perguntas, à minha maneira, não necessariamente na ordem em que foram formuladas, tenho a dizer que nem sempre tenho certeza diante de que tipo de depressão estou me deparando ou de que maneira tratá-la.

Sempre me intrigou o fato de, em psiquiatria, não haver o costume de se formar uma junta psiquiátrica para examinar um paciente sobre o qual pairam dúvidas quanto ao diagnóstico, tratamento ou prognóstico.

Ora, inúmeras vezes presenciamos em reuniões clínicas em serviços hospitalares de psiquiatria grandes divergências e interrogações diante de quadros psiquiátricos difíceis, incluindo depressões, o que, em última análise, nada mais são do que grandes juntas médicas informais e, muitas vezes, inconclusivas.

Lembro-me perfeitamente que, por ocasião de meu aprendizado em psiquiatria, um dos meus terrores era imaginar que numa destas reuniões clínicas algum residente iria ler em público o prontuário de um paciente atendido inicialmente por mim dez anos antes, e que ninguém iria entender ou concordar com o meu diagnóstico e tratamento, que soariam ingênuos e absurdos. Algumas vezes vi acontecer mais ou menos isto, não exatamente desta forma nem sob o peso da severa crítica, mas pela clarificação diagnóstica compreensível que só a evolução num processo poderia nos revelar.

Levando em conta a complexidade de entendimento dos processos mentais e de seu tratamento, sobre o que freqüentemente discordamos e, ainda, a minha experiência anterior como gastrenterologista, em que era comum a constituição de junta médica nos casos difíceis da clínica privada, nunca entendi por que o psiquiatra, fora das instituições públicas e da sala de cafezinho do consultório, em que há troca informal de opiniões, não criou o costume saudável do mesmo procedimento quando não consegue decidir claramente sobre um diagnóstico ou tratamento. Ouvir uma segunda ou terceira opinião.

Talvez o hábito da supervisão, em que tenta resolver seus impasses, contribua para este estado de coisas, ficando o supervisor sobrecarregado das expectativas de resolução de todas as dúvidas.

Não é a mesma coisa levar um caso à supervisão, um relato subjetivo, e discutir com um colega aspectos clínicos de um paciente que ele também examinou.

Posto isto, posso dizer que toda vez que me sinto indeciso quanto a determinado diagnóstico, como, por exemplo, no caso de uma depressão ou de seu tratamento, não hesito em solicitar a avaliação de um outro psiquiatra, com quem troco idéias, seja devido à dificuldade do caso para mim, seja porque não estou familiarizado com uma determinada droga sobre a qual não tenho experiência ou sobre a qual não estou devidamente atualizado, sempre com o sentido de evitar sofrimentos desnecessários. Naturalmente, compartilho com o meu paciente as minhas dúvidas e o sentido do meu procedimento, procurando exercer aqui a minha função de educador de saúde.

Em outras ocasiões, como qualquer outro médico, baseado nas pesquisas de que tenho conhecimento, emprego um medicamento novo com o consentimento do paciente, explicando o porquê de sua utilização, aguardando o tempo necessário para a avaliação dos resultados.

Assim como já descreveu Fonseca, podemos discriminar três grupos entre os pacientes que fazem psicoterapia e que são medicados concomitantemente. O primeiro sendo medicado pelo próprio psicoterapeuta, o segundo por um psiquiatra clínico, que encaminha o paciente para a psicoterapia, e um terceiro, que é encaminhado pelo psicoterapeuta para o psiquiatra clínico.

Fonseca prefere medicar aqueles que apresentam reações passageiras e encaminhar quadros mais graves. Não vê inconveniente na prescrição de medicamentos pelo próprio psicoterapeuta, se psicodramatista. A diferença que ele estabelece entre o psicanalista e o psicodramatista é que o primeiro tem como instrumento a transferência e o segundo a dramatização, o que, pelo menos teoricamente, acaba determinando no segundo um menor impedimento para também medicar.

Aguiar, em trabalho de 1994, chama a atenção para as diferentes focalizações na prática do psicodrama, que ora se localiza no diagnóstico, ora na percepção, ora na história num movimento reparatório, ora numa perspectiva pragmática diante de problemas que exigem intervenções mais urgentes e objetivas, ora na criação. Na verdade Aguiar está, com isto, delimitando as diversas funções possíveis contidas num contexto psicoterápico. Em momentos diversos do mesmo processo o psicoterapeuta atua de uma ou de outra forma.

Logo, o ato de medicar ou de fazer presente a função de educador de saúde não passa de uma focalização pragmática em face de uma intercorrência objetiva, como, neste caso, o exemplo de um diagnóstico de um episódio depressivo a exigir medidas clínicas mais urgentes.

Não concordo com a justificativa teórica, empregada por alguns psicodramatistas, que a proposta do psicodrama é a de operar dentro de uma relação real, télica, entre psicoterapeuta e cliente, e que isto permitiria, por exemplo, a liberdade de poder medicar sem interferir no processo psicoterápico.

Primeiramente, o conceito de tele, que vem sendo estudado mais profundamente por Aguiar e por mim há vários anos, é muito mais complexo do que simplesmente definido como uma "percepção correta", detalhamento este que não é o propósito desta discussão. Em linhas gerais, tele está vinculado à inter-relação e está mais próximo da configuração de um campo vivencial de co-criação.

Simplificadamente, podemos afirmar que aquilo que poderíamos chamar de "real", na verdade, se confunde com o percepto e, portanto, inviabilizado quando empregado deste modo. O que é real? Do ponto de vista de quem?

Por outro lado, tele não pode ser empregado como qualificativo, como, por exemplo, em "relações télicas" que, por sinal, não existem. Seria partir do princípio de que numa dada relação não haveria qualquer possibilidade de distorção vincular, a fluidez co-criativa sendo a tônica permanente. Uma idéia utópica e inverossímil. Mesmo supondo que num dado momento a ausência de distorções é possível, a co-criação ocupando o primeiro plano de um projeto dramático comum, tal ocorrência teria que ser obrigatoriamente vinculada a este dado momento.

Conseqüentemente, o argumento capaz de justificar a prescrição de medicação por um psicodramatista está localizado no poliformismo de funções que compõem a própria psicoterapia, e não a presença ou "ausência" de transferências que permeiam a relação psicoterapeuta-cliente.

Sob outro ângulo, é claro que, em se tratando, por exemplo, de uma depressão expressiva, o campo vivencial estando estreitado, é difícil acreditar na eficácia da psicoterapia sem o levantamento de tal barreira com o uso de antidepressivos. Neste caso, é fácil compreender que a depressão é que influi negativamente na psicoterapia e não o medicamento.

A utilização de critérios clássicos de psicopatologia para o diagnóstico de uma depressão, neste caso, e a indicação de um tratamento medicamentoso se impõem ao psicoterapeuta, querendo ou não, mesmo que negado por ele, de tal forma isto está incorporado ao papel pela soma de conhecimentos nele acumulados e que são mobilizados automaticamente, ainda que sua pauta de avaliação seja mais ampla, englobando aspectos psicodinâmicos. Uma coisa não exclui a outra.

No que diz respeito ao psicodrama especificamente, a discussão vai mais longe ainda.

Moreno empregava os termos da nosografia psiquiátrica clássica para situar os pacientes descritos em seus protocolos clínicos. Como bem demonstra Garrido-Martín, ele não formulou uma psicopatologia psicodramática.

Ora, como Moreno nos legou apenas o psicodrama público realizado em atos terapêuticos e os princípios fundamentais da psicoterapia de grupo, só muito mais tarde o psicodrama foi utilizado em sua forma processual, que é a que predomina até hoje entre os psicodramatistas pós-morenianos, nestes últimos anos.

Isto acabou gerando duas posições antagônicas, quais sejam, a de defender a existência de uma teoria do psicodrama, e a de considerá-lo apenas uma técnica, embasando-a teoricamente em outras fontes, tais como a psicanálise, a teoria sistêmica ou a teoria da comunicação, por exemplo.

Entre aqueles que defendem o primeiro ponto de vista, há duas correntes. Uma que construiu no correr dos anos uma teoria de desenvolvimento e uma psicopatologia a partir de alguns pressupostos morenianos. E outra que afirma não caber no psicodrama, tal qual ele foi concebido, nem uma coisa nem outra, escolhendo o caminho de recuperar e de desenvolver as constantes teóricas formuladas em toda a obra de Moreno, ou seja, o tripé básico constituído pela Sociometria, pela Teoria de Papéis e pela Teoria da Espontaneidade-Criatividade articuladas entre si, movimento este no qual eu me situo.

A crítica que eu tenho feito às duas tentativas de construção de uma teoria de desenvolvimento e de uma psicopatologia psicodramática é que a primeira, a Teoria do Núcleo do Eu, tem como seu pilar básico a noção de papel psicossomático, noção esta insustentável à luz do que se conhece atualmente sobre teoria de papéis. Por causa disto, ela acaba por carecer de profundidade, tornando-se simplificadamente mecanicista.

Quanto à segunda, a que se convencionou chamar de "Teoria da Matriz de Identidade", embora mais engenhosa, sua construção se faz sobre oito parágrafos de um capítulo sobre espontaneidade de um único livro de Moreno, desconsiderando todo o resto, não levando em conta, portanto, as constantes teóricas de toda a sua obra. Não há sentido, portanto, em considerar tais formulações como uma teoria em si mesma.

Estas são algumas das razões pelas quais afirmo que não há na psicoterapia psicodramática, dentro do exemplo que estamos dando, uma forma específica de situar e de tratar um quadro depressivo com todas as suas variações, porque o enfoque de todo o psicodrama está no inter-relacional através dos papéis sociais, articulados que estão ao intrapsíquico pelos papéis imaginários ou pelos vínculos residuais ligados à transferência, *status nascendi* do adoecer da espontaneidade-criatividade, não importa através de que possível classificação ou compreensão psicopatológica.

Se me perguntarem se há uma medida sociométrica ou farmacológica que seja, que determine o ponto exato de atuação da psicoterapia e da medicação nas situações de sofrimento psíquico, de que a depressão é um dos exemplos, minha resposta é a senha de Abulafia: "Não". Talvez de posse desta chave, cada um de nós terá que processar sozinho a soma de tudo aquilo que se sabe e que não se conhece, antes de se poder compartilhar e aplicar suas próprias conclusões. Quem sabe, sofrer um pouco a imposição do enigma para compreender melhor o peso do sofrimento.

3

UMA ENCRUZILHADA ÉTICA

Entre habilidade e habilitação há um salto maior que a simples diferença de sufixo. Enquanto a habilidade reflete um determinado talento natural, um "jeito para a coisa", ou desenvolvido através de um árduo aprendizado, uma técnica dominada e conquistada, a habilitação se define pelo reconhecimento social de um determinado papel ou atividade, conferido ao sujeito em razão de um conjunto de normas e procedimentos, um verdadeiro percurso de iniciado, que lhe sedimenta um *status* específico entre seus pares e na comunidade onde ele vive e atua.

A harmonização entre habilidade e habilitação se faz, no plano social, através de alguns pressupostos que levam à legitimação pública de uma dada atividade, que, a partir de um determinado ponto, se transporta para a esfera de avaliação de um grupo. Em outras circunstâncias, apenas o juízo social será o responsável, com a construção ou demolição de uma reputação, por circunscrever os contornos de uma habilitação para tal papel ou atividade. Exemplifiquemos.

Não basta, para ser cirurgião, que um sujeito arrole como testemunha de sua vocação e competência a sua mãe orgulhosa, que confirme, com indiscutível veracidade, os seus sentimentos humanitários e a sua extraordinária capacidade, que já se manifestavam precocemente, desde criança, de extrair espinhos da pata de seu cãozinho e de corrigir com uma pequena tala as fraturas da canela dos passarinhos de toda a vizinhança. Muito mais do que isso, será necessário completar o primeiro e o segundo graus, prestar exame vestibular, passar pelos bancos de uma faculdade de medicina, onde será avaliado teórica e praticamente durante seis anos, compondo uma regulamentação, que é o resultado de um acordo implícito e explícito, que resultará numa diplomação e num registro profissional, que lhe permitirá exercer sua habilidade muito além da praticada em totós e bem-te-vis.

Ainda assim, para o reconhecimento do exercício de alguma especialidade médica, será preciso, ainda, submeter-se a um período de dois ou três anos de residência médica e sua conseqüente regulamentação, sujeitando-se a novas provas, por um órgão de classe que congregue os mesmos especialistas que o reconhecerão como tal.

No entanto, nem tudo isso lhe garantirá fama e sucesso. Só o dia-a-dia de sua prática profissional revelará ou não a sua habilidade, que passará pelo crivo crítico de seus pacientes e de seus colegas de profissão. Em outras palavras, após passar por tudo isso, a sua habilitação profissional não é um atestado concreto de seu talento ou habilidade.

Para ser motorista profissional, é obrigatório submeter-se a exames especiais no Departamento de Trânsito, diferentes daqueles programados para o motorista amador, para que se obtenha a carta de habilitação, que não o isentará de "barbeiragens" nas ruas, estradas e avenidas. Não é necessário passar por uma universidade.

Para ser açougueiro, sob o ponto de vista legal, basta solicitar e pagar o alvará da prefeitura e sujeitar-se às fiscalizações eventuais, com multas ou propinas, que mantenha o estabelecimento comercial em funcionamento.

Que eu saiba, nenhum freguês pede vistas ao garçom de seu certificado do Senac, assim como a grande maioria dos médicos não ostenta mais o seu diploma emoldurado por trás da escrivaninha.

Não é, portanto, difícil de concluir que a habilitação não é, necessariamente, um selo de qualidade, à semelhança das oficinas autorizadas de conserto de eletrodomésticos ou de automóveis que, muitas vezes, com os mesmos defeitos das não-autorizadas, se prevalecem da distinção para poder cobrar mais caro e com maior desenvoltura.

O que faz, então, a diferença nesta confluência entre habilitação e habilidade?

Por um lado, a consciência moral, que se configura como um código de ética implícito e internalizado no sujeito, mais do que aquele formalizado por uma dada categoria profissional.

Por outro lado, a maior ou menor exigência de uma sociedade de consumidores de bens e serviços, tendo em vista as implicações maiores ou menores destes bens e serviços no desenrolar de suas vidas. Ou seja: o mau advogado pode levar alguém à prisão, o mau engenheiro ao desabamento de uma casa, o mau encanador a um vazamento, o mau chaveiro a uma fechadura emperrada, o mau eletricista até a um incêndio, o mau médico até à morte e o mau terapeuta até ao agravamento da loucura ou a um suicídio. Nem todas as implicações, portanto, são iguais, nem todas as responsabilidades profissionais têm o mesmo peso, porque suas conseqüências são diferentes. Porém todas se estruturam sobre a mesma consciência moral num código de ética implícito. Apesar de lhe ser exigido apenas um alvará, o açougueiro deve, no mínimo, conhecer o corte, o tipo e a qualidade da carne.

A maior ou menor rigidez de um código de ética depende, por um lado, do grau de importância socialmente atribuído à profissão em questão, no que diz respeito à necessidade de proteção da sociedade frente a ela. Por exemplo, assuntos éticos ligados à medicina estão sempre em evidência na mídia, em razão dos riscos de morte ou de mutilação como conseqüências possíveis.

Por outro lado, esta maior ou menor rigidez também decorre da necessidade dos profissionais de protegerem a trabalhosa construção de seu saber e de se defenderem legalmente dos riscos de julgamento de sua atividade profissional. Tal percurso, passando primeiro por uma avaliação de seus pares, seria, na verdade, um tribunal, em princípio, tecnicamente mais capacitado para julgá-los, apesar da possibilidade de uma complacência corporativista.

Tais questões não estão isentas de contradições.

Assistimos nestes últimos anos à elaboração e execução de sucessivos planos econômicos ineficazes e até desastrosos para o país. Em um deles, a então ministra Zélia e sua equipe de economistas, referendados por um presidente que teve posteriormente o seu lamentável mandato cassado, não hesitaram em lançar mão da poupança de milhões de brasileiros em nome da estabilidade econômica, sem que se conseguisse qualquer resultado razoável para a economia brasileira.

O plano e suas conseqüências eram traduzidos em números e cifras diariamente na televisão, sem que fosse focalizado o prejuízo, não só em dinheiro, de milhões de pessoas, que viviam seus dramas privados agravados por esta carga imposta pelo poder econômico.

Estas experimentações de ordem econômica, muitas vezes saídas apenas das páginas de uma tese qualquer de economia e que, até serem postas em prática, não passavam de especulações teóricas, nunca levaram, que eu saiba, à construção de uma ética que limitasse o poder dos economistas, criando sanções frente a medidas cujo efeito é ou pode ser tão ou mais desastroso que o desabamento de um prédio para a engenharia. Um teste feito em cobaias humanas.

Não se tem notícia de ministro ou assessor que tenha o seu registro de economista cassado diante do desmoronamento de seu plano econômico, de incontáveis vítimas. Quem sabe, talvez, em alguns casos, o desprezo e o exílio social, que a memória curta com o tempo indulta e alforria, até mesmo premiando com uma cadeira futura na Câmara ou no Senado.

Não é novidade, como temos com freqüência presenciado no Brasil, na Argentina, ou no Chile, só para dar mais um exemplo, o corporativismo militar presentificar-se fortemente toda vez que o tema tortura e assassinato de presos políticos vêm à tona por alguma razão, não se deixando apontar culpados.

É preciso não esquecer que tanto o militar torturador quanto seus comandantes tiveram em seus ensinamentos, nas academias militares, os preceitos da Convenção de Genebra, que proíbe os maus-tratos em prisioneiros de guerra inimigos. Que dirá de concidadãos e compatriotas em tempos de paz!

A interpretação e até mesmo a conveniência de um código de ética é, pois, de ordem política. Nunca se assistiu no mundo, como neste fim de século, a tantas atrocidades cometidas em nome de uma ética particular fanática, cada vez mais circunscrita a grupos radicais que multiplicam seus atentados, tendo como objetivo quer o mais humilde cidadão, quer o chefe de Estado mais próximo.

A queda do muro de Berlim parece ter relativizado a localização política do bem e do mal nos representantes individuais, grupais, comunitários ou federalizados da ideologia de afinidade ou de oposição, deixando vir à tona velhos ódios raciais, tribais e religiosos, detonadores e multiplicadores de sérvias, croácias e ruandas. O alvo tanto pode ser os Gandhi, os Sadat, os Rabin, os Reagan, os Lennon, os Joões Paulos, os usuários do metrô de Tóquio ou de Paris, judeus, palestinos, não-separatistas espanhóis, bascos ou irlandeses, estrangeiros, tanto na Alemanha, quanto na França ou nos Estados Unidos, não-arianos, não-muçulmanos, não-corinthianos, não-palmeirenses, edifícios do Líbano, Buenos Aires, Oklahoma ou Nova York. O gatilho fanático está cada vez mais ali na esquina pronto para detonar mecanismos sofisticados, capazes de explodir qualquer dispositivo ou órgão de segurança e de defesa.

Neste ambiente mundial emoldurado pelas telas de TV a cabo ou da Internet, acaba não sendo mais espantosa a cada vez menor valorização da vida humana, presente nos assassinatos em série numa lanchonete ou supermercado, no aniquilamento da própria família, de cujos pontos de vista se discorda, da namorada que termina o namoro, da ex-mulher que retoma um projeto amoroso, do escolar que não entrega o tênis, do companheiro de rua a quem se deve o crack, do parceiro sexual a quem se contamina conscientemente com o HIV e assim por diante, numa cadeia infinita, numa transgressão ética repassada dos grandes para os pequenos grupos, em que a miséria moral ultrapassa a amplitude da própria miséria econômica.

A impotência diante de tudo isso e as limitações do campo de ação individual possível para deter tal avalanche destrutiva levam, muitas vezes, ao deslocamento de foco com o levantamento de bandeiras de causas igualmente individualistas, se tratadas com o individualismo que não articula o estandarte ostentado com a defesa da vida e da dignidade humana, criando freqüentemente especialidades compartimentadas de protesto.

Sair em socorro do mico-leão-dourado, da ararinha azul, do atol de Mururoa ou das martas e raposas prateadas que guarnecem as golas de inverno das dez mais elegantes só tem sentido quando articulado à preservação de uma qualidade de vida, numa perspectiva de futuro, que contribua para a formação de um caráter que privilegie o grupo humano geral em que se está inevitavelmente inserido, contribuindo para construir o arcabouço complexo de tudo aquilo que possamos chamar de sentimento e exercício de cidadania, em cuja base se encontra a proximidade, a perspectiva e a percepção do outro.

Quando o meu vizinho de cima, ferrenho ecologista, me incomoda às nove e meia da noite com a sua furadeira elétrica, advoga para si o direito do uso da ferramenta na hora em litígio, que nem mesmo a lei municipal lhe confere, mas que lhe é arbitrariamente conveniente.

Ainda que a legislação vigente lhe desse razão, a sua interpretação passaria automaticamente pela avaliação daquilo que é ou não razoável, levando em conta o barulho ensurdecedor e o horário predominante de jantar e de descanso da vizinhança.

O psicoterapeuta que leva em conta unicamente facilitar ao seu cliente a expressão clara de seus desejos, com a remoção elaborada de seus bloqueios e impedimentos, estará inadvertidamente reforçando um individualismo acirrado que é uma das marcas registradas de nossa época. Apenas o meu desejo conta e manda.

Se é fundamental, por certo, conhecer-se e aos seus limites, vivenciando-os e circunscrevendo seus contornos na relação com qualquer integrante de seu átomo social, não é possível ignorar que viver em grupo também é saber abdicar de alguns de seus desejos, administrando maduramente as frustrações que lhe são conseqüentes, o que configura a convivência e o bem comum. Uma coisa não existe sem a outra, sem o que fica vedado ao ser humano qualquer possibilidade de compartilhamento e de encontro, em suma, de vida social minimamente satisfatória.

Por tudo isso, a liberdade do exercício de uma profissão e de alguma de suas especialidades não está nem pode estar desvinculada de um poder político e de vertentes sociológicas e culturais. Isto é mais do que apenas ser dependente do enunciado de um código de comportamento consensual, de um grupo norteador de um traço de caráter desejado ou de um princípio moral, mesmo onde são inexistentes, indispensáveis ao desempenho daquela atividade. Nada mais que a interseção entre habilidade e habilitação.

A psicoterapia se configura hoje, no Brasil, como uma especialidade dentro de outra, praticada que é por médicos-psiquiatras e por psicólogos-clínicos.

As principais linhas psicoterápicas demandam um tempo médio de formação de três a quatro anos, o que exige supervisão e psicoterapia pessoal por longo tempo, além do treinamento técnico e teórico, com apresentação de trabalhos para credenciamento.

Em alguns países estrangeiros não é necessário ser médico ou psicólogo para ser reconhecido como psicoterapeuta. Basta ser aceito no curso de formação específica. Uma das discussões em pauta na área de psicodrama, por exemplo, que nos chega por intermédio de congressos internacionais, é se a formação psicodramática deve ser encarada como profissão ou especialidade (Kipper).

Tendo o psicodrama uma atuação também pedagógica e comunitária, transcendendo os limites da psicoterapia, considerá-lo como especialidade implica a formação de profissionais originários de áreas diferentes (médicos, psicólogos, educadores, assistentes sociais etc.), que terão em seu curso a orientação prática voltada para seus campos específicos de atuação, sendo habilitados para funções delimitadas mas que, de alguma forma, se interpenetram. Este é o caso do Brasil.

Considerar o psicodrama como profissão implicaria uma profunda transformação de seus cursos, que não levariam em conta a profissão original, preparando os seus alunos para uma atuação diversificada, quer na área psicoterápica, quer em qualquer outra.

Na prática, sabemos que vários profissionais não médicos e não psicólogos, teoricamente habilitados para o exercício do psicodrama aplicado, pedagógico ou não clínico, abrem seus consultórios e atuam como psicoterapeutas, utilizando como credenciamento o seu juízo pessoal, a supervisão não institucional, a sua psicoterapia pessoal e um certo talento próprio para lidar com o ser humano e compreendê-lo em suas angústias e aflições. Esta é uma situação de fato, no Brasil, e não só no psicodrama. Tanto existem psicanalistas engenheiros e assistentes sociais, como bioenergeticistas filósofos, psicodramatistas sociólogos, médicos não psiquiatras, dentistas, enfermeiros, fonoaudiólogos e pedagogos, vários deles praticando a psicanálise e a psicoterapia como profissão regulamentar. Estou falando de situações publicamente bem conhecidas, pois muitos destes profissionais têm posição destacada no meio específico em que atuam, chegando mesmo à posição de professores-supervisores, terapeutas de alunos, analistas didatas ou conferencistas requisitados, pelo seu talento e até notório saber, ocupando posições destacadas em diretorias das sociedades formadoras de psicoterapeutas e mesmo coordenando comissões científicas de congressos de sua área de atuação ou o próprio ensino de psicoterapia. Pela legislação brasileira, em senso estrito, poderiam ser enquadrados nos parágrafos de exercício ilegal de medicina ou de psicologia. Nem por isso deixam de ser bem aceitos ou apenas irremediavelmente tolerados pelos médicos e psicólogos, seus colegas de formação psicoterápica.

Não se fala muito no assunto, embora eventualmente paire um certo desconforto educado, em momentos em que tal convivência se faz forçada a exigir algum tipo de confronto.

Verdade é que alguns destes psicoterapeutas não médicos e não psicólogos têm até mais talento e conhecimento do que alguns psicoterapeutas médicos e psicólogos que fizeram a sua formação criteriosamente dentro das regras. Coisas sabidas e silenciadas.

O nó da questão reside em considerar a psicoterapia como um instrumento de cura ou apenas um processo de autoconhecimento.

A sofisticação da evolução dos conceitos de saúde e de doença na esfera psíquica, seja do ponto de vista da psicopatologia clássica, seja do ponto de vista dinâmico, vem esbarrar hoje nos últimos avanços da ciência, com suas descobertas neuroquímicas das funções, disfunções e farmacologia cerebral.

Se os médicos, por um lado, argumentam, e com razão, que a síndrome do pânico, os distúrbios obsessivo-compulsivos e algumas depressões são tratadas hoje com medicamentos, os psicoterapeutas contra-argumentam, com igual peso, que reduzir o psiquismo a uma mera função cerebral é como reduzir o computador à tela do seu monitor.

Ainda nos falta uma melhor harmonização (Amaral) entre as duas posições, que não nos leve a negar a discriminação molecular e atômica da ciência para a compreensão da fisiologia e da fisiopatologia, ajustando o nosso entendimento dinâmico das funções psíquicas a uma realidade físico-química. No outro extremo, é necessário conter o entusiasmo em face de um triunfo farmacológico, como se em si só ele pudesse invalidar as complexas, delicadas e intrincadas relações conhecidas e estudadas, ao longo do século XX, entre comportamento humano, inconsciente, papéis e rede social.

Como o conhecimento humano se interpenetra e é impossível hoje o domínio do saber humanista, é natural que os instrumentos da psicologia sejam necessários em qualquer campo das ciências humanas e das artes. Mesmo as empresas fundadas nos princípios da administração e da economia não prescindem da planificação de um departamento de recursos humanos. Não se ganha uma olimpíada sem que se cuide da saúde psicológica do atleta, e assim por diante.

Sendo assim, cada vez mais profissionais de áreas estranhas à saúde e, mais especificamente, à saúde mental advogam para si o direito de se iniciarem no mundo restrito da psicologia e, conseqüentemente, da psicoterapia, que acaba não deixando de ser vista como o remédio para todos os males. Até já nos acostumamos a conviver com o psicoterapeuta de plantão, diariamente na nossa tevê, respondendo sobre todo e qualquer assunto, tal é a incorporação da psicologia como bem cultural.

Portanto, uma maior demanda de conhecimento de psicologia por profissionais de múltiplas formações, aliada a uma concepção de psicoterapia como um processo de autoconhecimento, não só inflaciona o mercado de psicoterapeutas, como também tenta ajustar os preceitos éticos a uma abrangência de atendimento que praticamente não põe limites em sua área de atuação. Nada disso acaba sendo feito sem paixões e sem sectarismo.

O código de ética médica atual inclui capítulos sobre transplantes de órgãos e sobre Aids, totalmente ausentes nos anos 60, época em que me formei. Tal mobilidade é fundamental porque significa reconhecer a velocidade vertiginosa das mudanças que ocorrem em nosso século, a exigirem ajustes e posicionamentos éticos. A ética tem, portanto, um caráter dinâmico e sua apreciação tem que ser igual e obrigatoriamente dinâmica. Esta é a razão da existência de conselhos permanentes de ética difundidos entre as mais variadas categorias profissionais.

O longo processo de formação de um psicoterapeuta exige, antes de tudo, a assimilação lenta e consistente dos fundamentos filosóficos de uma linha de trabalho.

No caso específico do psicodrama, que é a área em que atuo e que melhor conheço, esta incorporação supõe não só um modo de relacionar-se com o outro, como também uma maneira particular de ver o mundo e de posicionar-se diante da vida. Este caminhar, que tem a sua base na Filosofia do Momento de Moreno, só pode ser construído progressivamente ao redor do eixo composto por uma íntima convicção, determinada por um esforço de transformação pessoal, vivenciado e sofrido no percurso e no cenário de sua própria psicoterapia psicodramática. Só assim o conhecimento conceitual desta fundamentação filosófica, que também faz parte deste eixo, tem um sentido coerente neste saber interno do que se está falando.

A teoria, com seus capítulos principais articulados entre si, em constante evolução e revisão, a que não faltam a sadia divergência e a polêmica, emerge coerentemente deste substrato filosófico para embasar com consistência a poderosa técnica psicodramática, que só assim tem sua razão de ser.

Tal conjunto, filosofia, teoria e técnica, está presente em qualquer atividade psicodramática, e o seu profundo aprendizado só pode ocorrer num movimento contínuo em que se é ao mesmo tempo objeto e sujeito, a reflexão se amalgamando à percepção, às sensações e aos sentimentos, num conhecimento que, mais do que lido e raciocinado, só se incorpora quando também vivenciado no confronto permanente consigo mesmo e com o outro. Não só na psicoterapia psicodramática pessoal e na supervisão este movimento está presente. Numa simples aula tal movimento tem que ser obrigatoriamente visível num processo pedagógico de internalização de um modo relacional que define uma maneira de existir.

O fascínio que a técnica psicodramática pode despertar, em todo aquele que entra em contato com ela, freqüentemente cria a tentação de utilizá-la sem que se tenha consciência de sua necessária articulação com sua teoria e filosofia e que, se assim não for, esvazia o seu sentido e a sua prática.

Não é possível ser um psicodramatista apenas lendo alguns textos de Moreno ou participando de uma meia dúzia de vivências psicodramáticas. Ou ser psicanalista apenas por simpatia a Freud ou porque se sonhou um dia dormindo num divã.

O que muitas vezes acontece é não querer enveredar por um caminho que se sabe trabalhoso e que obriga a uma revisão de vida e de valores, o único capaz de levar à composição do papel de psicoterapeuta.

É aqui que a consciência ética mais necessita estar presente e é em face de tais especificidades e tais variáveis que mais se exige dela mobilidade e consistência. O ser humano é importante demais, é precioso demais para ser tratado com inconseqüência, insensibilidade ou irreflexão. Nenhum código de ética pode se sobrepor a isto, o bem maior que cada um guarda dentro de si e que compartilha com o outro num permanente exercício de amor, vida, grupo, pessoa.

Segunda Parte

ATUALIDADE PSICODRAMÁTICA – ACERTOS E EQUÍVOCOS

4

MORENO, REICH E *ROCK'N ROLL*

Na mesma época em que Elvis, *the Pelvis*, era impedido de ser visto da cintura para baixo na TV americana e a foice macarthista ceifava em vermelho tudo e todos que lhe parecessem vermelhos, dois imigrantes europeus de origem judaica selavam, na América, um destino diferente. Enquanto Moreno era empossado como o primeiro presidente do Conselho Internacional de Psicoterapia de Grupo e fundava a Academia de Psicodrama e Psicoterapia de Grupo, Reich, no mesmo ano, morria na prisão, impedido de desenvolver e de divulgar as suas idéias sobre a energia orgônica.

Curiosamente, após a morte de ambos, a de Moreno ocorrendo dezessete anos após a de Reich, embora tanto o movimento neo-reichiano quanto o psicodrama tenham se desenvolvido expressiva e consistentemente em todos estes anos, a "história oficial", extra-iniciados, insiste em negar ou subestimar o peso verdadeiro das contribuições de ambos para a compreensão do homem de uma maneira geral e da psicoterapia em particular.

Mandolini Guardo, por exemplo, em sua *Historia general del psicoanalisis*, não se furta em ressaltar a importância de Reich para a psicanálise, nomeando e comentando seus principais trabalhos, considerando apenas aqueles publicados antes de sua expulsão da sociedade de psicanálise. Mal disfarça um certo pudor piedoso ao comentar: "Nesta história nos ocuparemos, por evidentes razões, de seus trabalhos e hipóteses, realizados e formulados até 1933. De suas idéias posteriores só efetuaremos uma breve menção"[1].

Quanto a Moreno, não encontramos o reconhecimento amplo e claro nos corredores da psiquiatria e da psicologia, tal qual foi registrado no Encontro Anual da Associação Psiquiátrica Americana, em 1932, na Filadélfia, da sua paternidade do método da psicoterapia de grupo.

Suas idéias sobre saúde e doença e sua metodologia de abordagem retomadas mais tarde pela antipsiquiatria e pela teoria sistêmica chegam mesmo a sofrer uma distorção de avaliação pelos próprios psicodramatistas que, com freqüência, dizem e escrevem "coisas" do tipo: "Moreno era um antipsiquiatra". Ou: "Moreno era um sistêmico", com sincero deslumbramento, sem se darem conta de que, na verdade, por seu pioneirismo e por mera ordem cronológica de formulação e de publicação de conceitos seria mais apropriado e mais justo dizer que os antipsiquiatras e os terapeutas sistêmicos é que, em muitas de suas colocações, poderiam ser vistos como morenianos por suas idéias e posturas.

Por esta mesma razão, não chego a estranhar tanto a observação de Francisco Vitar em "A energia do gozo", em número recente da revista *Viver*, em que diz, textualmente: "As técnicas neo-reichianas mais conhecidas são a bioenergética, a gestalt e o psicodrama"[2].

Portanto, como um mero técnico do psicodrama, a que fui relegado por este artigo comemorativo do centenário de Reich, venho publicamente reclamar a minha filiação às instituições neo-reichianas. Cadê a minha carteirinha?

Fritz Pearls, que, numa certa época, freqüentou com assiduidade as sessões de psicodrama dirigidas por Moreno, disputou com ele publicamente, em congressos posteriores, a autoria da técnica da cadeira vazia, que cada um dos dois reivindicava para si próprio. Afastaram-se um do outro por vários anos e por várias razões até se reencontra-

---

1. GUARDO, R. G. M. *Historia general del psicoanálisis: de Freud a Fromm*. Buenos Aires, Editorial Ciordia, 1969.
2. VITAR, F. A energia do gozo. *Viver*, ano 5, nº 55, 1997, pp. 22-4.

rem um dia, em São Francisco, com um grande abraço público, sob o testemunho de Dick Carn, que também dizia que ambos não eram "flores que se cheirassem", segundo relato de Fonseca[3].

Moreno e Reich tiveram em comum a coragem necessária para enfrentar a couraça das "verdades" firmemente ou "defensivamente" estabelecidas, que Moreno chamava de conservas culturais, criando genialmente caminhos revolucionários que se constituíram como alternativas sólidas a até então via única da psicanálise.

Por que razões não encontramos na obra de Moreno nenhuma referência a Reich, nem sequer na bibliografia de seus livros, e nem menção a Moreno na obra de Reich?

Isto nos parece mais espantoso se considerarmos que Moreno era apenas oito anos mais velho que Reich, que ambos viviam em Viena na mesma época, ambos eram oriundos de famílias judias, estudaram medicina na mesma cidade, Moreno se formando em 1917 e Reich em 1922, ambos se encontrando com Freud enquanto estudantes e ambos migrando para os Estados Unidos, Moreno em 1925 e Reich em 1939. Reich publicou *Análise do caráter* em 1933 e Moreno publicava *Who shall survive* (*Quem sobreviverá?*) no ano seguinte.

Para entendê-los e às suas obras, para compreender a aparente influência que os neo-reichianos e os psicodramatistas contemporâneos possam divisar entre eles, o que muito provavelmente jamais aconteceu, é necessário entender a Viena do começo do século e o Brasil dos anos 60.

Moreno e Reich são filhos da modernidade vienense, em que, segundo Bader, "a ascensão cultural foi paralela à decadência histórica"[4]. Se, por um lado, na palavra dos historiadores, o império austro-húngaro era um conglomerado de várias nacionalidades, dezessete oficialmente, a ponto de o hino nacional ser cantado em treze línguas, configurando, com isso, uma efervescência de múltiplas influências, por outro, de 1867 a 1914 os Habsburgo conheceram a desgraça e a decadência.

---

3. FONSECA FILHO, J. S. Memórias de Beacon e outras memórias. In: Vários autores. *J. L. Moreno – o psicodramaturgo*. São Paulo, Casa do Psicólogo, 1989, cap. III.
4. BADER, W. Áustria, Viena, Schnitzler – Um império, uma cidade, um escritor na virada do século. In: Schnitzler, A. *Contos de amor e morte*. São Paulo, Companhia das Letras, 1987.

Só nesse período, três herdeiros ou pretendentes ao trono e uma imperatriz ou foram assassinados ou executados, ou cometeram suicídio. Um golpe definitivo para a dinastia e a sucessão imperial.

A população de Viena quintuplicou em menos de oitenta anos. Na virada do século mais de dois terços de seus habitantes eram migrantes. Aqueles oriundos da Galícia, como a família de Reich, constituíam o que se chamava de "o povo supranacional do Império", formado pela "camada culta de médicos, advogados, jornalistas, banqueiros e comerciantes", em que, "50% eram judeus"[5].

Embora pobre, o pai de Moreno também era um comerciante judeu que fazia parte desse grupo e que, apesar de nacionalidade turca, tinha vindo da Romênia, que atravessava uma grave crise econômica.

A descrição das condições de vida em Viena apontam para uma acentuada condição de miséria dos trabalhadores, um índice alto de alcoolismo e de prostituição, com seríssimos problemas de saúde pública e moradia.

Ao lado de tudo isso, florescia uma vida cultural viva e palpitante presente na literatura, música, arquitetura, teatro, ciência, antecipando uma modernidade que serviu de modelo à Europa de uma maneira geral.

Moreno cita em sua biografia ter assistido a conferências de Freud e de Einstein, em Viena, só para dar um exemplo.

Não é à toa que, neste caldo de cultura, o jovem Moreno, não se sabe até que ponto isto é verdade, tenha se dirigido a Freud um tanto arrogantemente ao cumprimentá-lo numa conferência e tenha se proposto a trabalhar diretamente com prostitutas, a quem ajudou a formar uma associação e, posteriormente, com refugiados tiroleses nos campos da Primeira Guerra Mundial.

Por outro lado, não é de estranhar que Reich tenha se proposto a se engajar na psicanálise.

Nenhum dos dois perdeu o seu espírito contestador e original. Moreno era considerado um lunático, um alucinado, enquanto jovem, com pretensões messiânicas a querer melhorar o mundo fundando uma nova religião. Seus heróis eram Jesus e Buda. Ganhou a respei-

---

5. BADER, W., *op. cit.*

tabilidade e a notoriedade com o tempo em solo americano, e depois de morto o relativo esquecimento.

Reich, por sua vez, enquanto se manteve numa certa diretriz psicanalítica bem-comportada, era aceito como um promissor psicanalista capaz de formular teorias profícuas e interessantes. A partir do momento em que suas idéias e suas posições políticas caminharam numa direção diferente da corrente da maioria, ele se tornou um maldito, relegado também ao limbo dos lunáticos e alucinados.

Ouso dizer que, mesmo que estes dois geniais criadores tenham se cruzado ou se conhecido em Viena, a forma pela qual construíram o seu caminho de idéias e a sua execução prática foi totalmente diferente, embora motivados por um mesmo interesse humanista pelo homem e o mesmo profundo desagrado pelas gritantes diferenças sociais que presenciavam.

É de Moreno a frase: "O mais antigo e mais numeroso proletariado da sociedade humana se compõe de vítimas de uma ordem mundial insuportável, não terapêutica; é o 'proletariado terapêutico'. Ele se compõe de pessoas que sofrem de uma forma de 'miséria': miséria psíquica, miséria social, miséria econômica, miséria política, miséria racial ou miséria religiosa"[6].

A par de outras semelhanças que poderíamos apontar, na biofia de ambos, por exemplo, como a de terem trabalhado como professores particulares, enquanto estudantes, ou as de casamentos, separações etc. etc., o que conta mesmo é terem sido frutos de uma mesma época, com uma influência cultural semelhante, ambos produtos da modernidade vanguardista de Viena, tanto em seu viço bruto quanto em sua essência lapidada.

Mutatus mutandi, o Brasil do fim dos anos 50 e dos anos 60, especialmente no eixo Rio–São Paulo, não deixava de se comportar, numa certa medida, como uma Viena tupiniquim.

A Era JK prometia apagar os estertores do getulismo e o seu ranço do Estado Novo.

No entanto, apesar do seu movimento desenvolvimentista simbolizado pela construção de Brasília e pela nascente indústria auto-

---

6. MORENO, J. L. *Psicoterapia de grupo e psicodrama*. São Paulo, Mestre Jou, 1974.

mobilística nacional, o militarismo estava sempre à espreita, disfarçado com ares de tenentismo, outorgando-se o papel de guardião do sono do gigante adormecido. Ainda era preciso que um marechal um pouco mais democrático garantisse a tropa e a posse do presidente eleito.

As diferenças sociais continuavam gritantes, como gritantes continuavam os estudantes em seus diretórios acadêmicos contra tais diferenças gritantes.

Paralelamente a isso, o país nunca conheceu um período tão florescente em sua liberdade de expressão e tão plural e criativo em suas manifestações artísticas. A música, a poesia, o cinema, a arquitetura, as artes plásticas, ganhavam um sopro de vida e cunhavam movimentos novos, mesmo que parte do novo fosse apenas novo no Brasil de então.

Por exemplo, quando o Teatro Oficina do Zé Celso encenou, um pouco mais tarde, *Pequenos burgueses*, de Górki, e *O rei da vela*, de Oswald de Andrade, com retumbante sucesso vanguardista, ninguém se deu conta de que se tratava de peças escritas há mais de quarenta anos, apesar de sua atualidade. O novo era poder encená-las sem a sombra do terrível chefe de polícia de Getúlio, Felinto Müller, pairando pelas coxias e bastidores.

Foi nesse clima de bom respiradouro que caiu feito uma bomba uma nova ditadura militar em 64. E foi no fim dos anos 60, novamente com a liberdade de expressão censurada, que psicodramatistas e neo-reichianos se encontraram.

No Brasil, 1968 foi o ano do AI-5, o mesmo em que explodiu uma contestação de estudantes e intelectuais que extrapolou as fronteiras de cada país. Sexo, drogas e *rock'n roll*, contracultura e luta armada, Janis Joplin e Che Guevara, tudo no mesmo pacote, tudo na parede, em forma de pôsteres, nos quartos da juventude.

Em 1970, em São Paulo, acontece, este é o termo, o V Congresso Internacional de Psicodrama, realizado no Museu de Arte de São Paulo (Masp).

Vinte e cinco anos depois, Lilian Meyer Frazão, gestalt-terapeuta, contando a história da Gestalt-terapia no Brasil, e Regina Favre, terapeuta neo-reichiana, igualmente rememorando a história das terapias neo-reichianas em nosso país, se referem explicitamente a este congresso e ambas dão uma versão semelhante.

Naquele congresso tentou-se trazer para as dependências do Masp o *Living Theatre*, que estava no Brasil e que era conhecido por suas idéias e encenações contestadoras. Não só o Departamento da Ordem Política e Social (DOPS) proibiu a apresentação como, logo depois, "o *Living Theatre* foi 'convidado' a deixar o país"[7].

No meio psicodramático todos sabemos de cor que papel divisor de águas aquele congresso representou para os psicodramatistas, mas o mais fascinante de tudo isso, para efeito do que estamos discutindo aqui, é que estávamos todos lá. O psicodrama apenas ofereceu o palco.

Não é sem razão, portanto, que se tem uma visão de influência mútua entre psicodramatistas e neo-reichianos.

Se, assim como Moreno e Reich, que podem até nunca terem se cruzado, quer na Áustria, quer nos Estados Unidos, cada um seguindo seu próprio caminho, é inegável terem em comum, pelo menos, a mesma florescência da Viena do começo do século, o que se dirá de neo-reichianos e de psicodramatistas que se encontraram muitas vezes, seja no Masp, nos bancos universitários ou nas passeatas, em relação aos ideais comuns de toda uma geração e que podiam ao menos se reconhecer até nas diferenças, do *jazz* ao *rock'n roll*, da jovem guarda à bossa-nova e às canções de protesto? Nas congregações marianas e cruzadas eucarísticas ou na Ação Popular e no malfadado congresso da UNE em Ibiúna?

É natural, pois, que, com tal jogo de proximidade e distância, tentássemos inferir, por nossa experiência comum, que nossos mestres específicos influenciaram um ao outro e, por tabela, suas doutrinas.

Parece-me que as semelhanças terminam aí.

Não foram poucas as vezes, nesses anos, que psicodramatistas foram fazer a sua terapia pessoal com neo-reichianos e vice-versa.

Entretanto, é fundamental que se desfaça a possibilidade de permanência de velhos equívocos.

---

7. FRAZÃO, L. M. A Gestalt-Terapia. In: Vários autores. *25 anos depois: gestalt-terapia, psicodrama e terapias neo-reichianas no Brasil*. São Paulo, Ágora, 1995, cap. 1.

O psicodrama não é e nunca foi uma terapia corporal. Embora o corpo seja um mediador da ação psicodramática, toda a teoria do psicodrama pode ser resumida na articulação entre Sociometria, Teoria de Papéis e Teoria da Espontaneidade-Criatividade, com foco na inter-relação, tendo como metodologia a referida ação psicodramática derivada do Teatro Espontâneo de Moreno e fundamentada nos conceitos de protagonismo e de co-inconsciente, tudo isso ancorado aos princípios morenianos da Filosofia do Momento. Qualquer prática desvinculada de qualquer parte deste todo harmônico não pode, nem com a melhor boa vontade, ser chamada de psicodrama. Não passaria da utilização ocasional de algumas de suas técnicas, sem dúvida úteis, mas despidas de seu significado e de sua coerência teórica.

Nem por isso podemos dizer que as duas doutrinas não se tocam em alguns pontos.

A compreensão psicodramática do desencapsulamento de um papel imaginário e nunca atuado, conservado, portanto, dentro do indivíduo e que se transforma num papel psicodramático no cenário do psicodrama, numa explosão de espontaneidade-criatividade, tendo o corpo como instrumento mediador, supõe, na compreensão da teoria da cena, o aprisionamento transferencial (no sentido psicodramático) de uma cena ou cenas a determinado vínculo residual à espera de um *status nascendi* de um movimento relacional novo que a ação dramática propicia.

Tal compreensão talvez guarde alguma semelhança com a dissolução de uma couraça corporal capaz de liberar uma energia que passa a ser utilizada de uma forma nova.

O conceito de espontaneidade de Moreno é próximo ao conceito de liberdade de Reich.

A construção da noção de momento se aproxima da *durée* de Bergson[8], um autor pelo qual Reich foi reconhecidamente influenciado. E assim por diante.

O psicodrama brasileiro institucionalizou-se fortemente neste tempo e a produção teórica no Brasil desenvolveu-se muito mais do

---

8. Embora tenha um sentido diverso quanto à necessidade moreniana da vivência do tempo concreto.

que em qualquer outro país do mundo, sendo hoje reconhecida e adotada internacionalmente. São aproximadamente oitenta livros e mil artigos publicados por psicodramatistas brasileiros nestes últimos vinte anos, dos quais podemos tirar questões que nos auxiliem nesta reflexão.

Concluindo, parece-me inegável que os psicodramatistas e os terapeutas neo-reichianos, além de receberem influências semelhantes de uma época e de uma cultura comum, de certa forma influenciaram uns aos outros.

Tenho como certo que, apesar de o seu objeto ser o mesmo, o homem, suas aflições, seus aprisionamentos e o sofrimento que de tudo isso decorre, os caminhos trilhados, na teoria e na prática, são diferentes, embora mais próximos que os de Moreno e Reich, mais sujeitos a uma influência vienense comum do que influenciados um pelo outro.

De resto, a possibilidade que os dois puderam nos dar não só da visão da metade de baixo de Elvis, *the Pelvis*, mas a de romper a telinha de vidro de nossa imobilizadora contemporaneidade, trazendo-o para a nossa roda de samba ou dançando com eles os passos do *rock'n roll*.

5

EXPRESSO PARA A CORTINA DE FERRO

Muito antes da queda do muro, o trem parou numa pequena estação da Alemanha Ocidental. O apressado funcionário da ferrovia avisou o casal de brasileiros postado de pé no fim do vagão, com sua gutural concisão germânica, que não saíssem de seu lugar, pois aquele carro seria desengatado do resto da composição, que rumaria direto para o Leste Europeu, tendo como destino as planícies geladas da então União Soviética.

Ela lhe disse: “Vou dar uma voltinha”, e desapareceu no outro vagão, pensando em esticar um pouco as pernas, nem lhe passando pela cabeça que a divisão do trem em dois se daria naquele momento. Quando se deu conta, era uma passageira, sem dinheiro e sem passaporte, de um expresso em movimento para o lado de lá da cortina de ferro.

Ele, por sua vez, ficou parado na outra metade, com toda a bagagem e os documentos dos dois, também sem dinheiro, pois voltavam das férias para uma cidadezinha alemã, onde estavam morando provisoriamente, e iriam da estação para a casa a pé. Não tinha sobrado nem mesmo um único marco para o táxi. Pensou, sem nada dizer, um segundo antes que ela sumisse de suas vistas: “Como é teimosa. O chefe do trem foi bem claro e nos disse que não saíssemos daqui. Mas eu tenho que ser democrático e já decidi não interferir na vida dela, senão vai acabar em briga". De repente, sente um solavanco, olha pela janela e vê a outra parte do trem se afastando. Ainda imobilizado, com uma expressão apenas chateada, pensa, com um distanciamento racional: "Nunca mais vou vê-la. Coitada! Como é que ela vai se explicar para os russos? O que é que a minha sogra vai pensar de mim? Que eu não cuidei da filha dela?".

Do outro lado, ao perceber o que está lhe acontecendo, numa fração de segundos, ela corre e salta do trem em movimento e cai de pé na neve, entre trilhos e plataformas de embarque, bem em frente onde ele se encontra, entre aflito e irritado, à sua procura, estando a bagagem com um guarda da estação.

Correm juntos até o trem para a Alemanha, bem na hora da partida.

Enquanto correm, ela pensa: "O máximo que poderia acontecer era eu contar o que ocorreu e descer na estação seguinte".

Este episódio foi assim dramatizado e, desta forma, revivido pelo casal em questão com tanto realismo, a ponto de eu me sentir angustiado pelos dois e, principalmente, pela aparente ausência de angústia de ambos. Tanto vivi o acontecimento dramatizado, que me ficou de tal modo esta versão em ritmo de filme de *suspense*, pontuado por solilóquios e inversões de papéis.

Nas quatro sessões anteriores eu só tinha presenciado acusações mútuas e palavras amargas. Na última delas, a minha proposta de dramatização não pôde ser levada adiante, porque não chegavam a um acordo sobre como e o que dramatizar, os dois em pé, no meio da sala, analisando um ao outro.

O desfecho da sessão do trem que, em seu início, tinha servido de exemplo de como cada um deles vive, diferentemente, os acontecimentos que envolvem a relação de ambos sobre um episódio de há aproximadamente dezesseis anos, foi uma explosão de ternura e gargalhadas, com ela pendurada carinhosamente no seu pescoço e beijando o seu rosto. Até ali, a lembrança deste susto sempre tinha sido um modelo que um ou outro utilizava para apontamento de defeitos que não aceitavam no companheiro, aproveitando o exemplo como via para o sarcasmo diante da impotência para qualquer transformação positiva.

Estavam indo cada um para o seu lado, como no trem, o casamento se desfazendo, alternando uma postura de se deixar levar por um movimento de separação, como se ele não estivesse acontecendo, ou de assistir a tudo conscientemente, com a angústia contida da total passividade e desesperança.

Tinham perdido a dimensão da importância que um tinha para o outro, apesar das diferenças. É como se uma cortina de ferro se interpusesse definitivamente entre eles e impossibilitasse qualquer comunicação.

O Brasil, na época da cena do trem, vivia uma ditadura militar e a Espanha[1] renascia das cinzas do franquismo, apesar de estar inserida numa Europa dividida por um resistente muro ideológico, concretizado na Alemanha, em argamassa, em Berlim. Era natural que, em tal contexto, vinda de um país sul-americano de liberdade e direitos cerceados e respirando democracia no barril de pólvora da Guerra Fria, em que outro tipo de totalitarismo era entrevisto através do arame farpado, tal situação política, na qual ambos estavam inevitavelmente envolvidos, servisse de modelo para os impasses e conflitos da relação de casamento. O psicodrama dentro do sociodrama. Cena dentro da cena.

Pablo Población nos diria que estamos diante de um sistema-cena, aguardando, talvez, a revelação e a elucidação da cena primigênia.

Martinez Bouquet nos falaria em cena latente e cena manifesta.

Pavlovsky e Kesselman não deixariam de ver a multiplicação dramática na cena de um que se soma criativamente à cena do outro.

Menegazzo aplicaria aqui seus princípios de uma antropologia vincular aplicada ao psicodrama.

Buchbinder visualizaria uma poética do desmascaramento.

Bustos procuraria a matriz que impedisse o equilíbrio de trânsito entre os três tipos de cachos de papéis — *clusters* —: o da incorporação passiva, o da conquista de autonomia e o da capacidade de repartir, competir e rivalizar, por meio dos papéis mais comprometidos.

Naffah Neto, que chamaria esta dramatização de psico-sociodrama, revelaria pelo Drama privado do casal o Drama coletivo que

1. O trabalho que compõe este capítulo foi apresentado na Espanha, em 1995.

viviam, na época, o Brasil, a Alemanha, a Europa, configurando-se no jogo de papéis psicodramáticos, na cena do psicodrama, em que os papéis imaginários encapsulados e nunca atuados finalmente têm a sua livre expressão.

José Fonseca identificaria um movimento ampliado das fases da matriz de identidade, visando atingir a fase de circularização.

Victor Dias faria sua análise psicodramática por meio de sua Teoria da Programação Cenestésica, um aperfeiçoamento da Teoria do Núcleo do Eu.

Moysés Aguiar,Volpe e Falivene Alves insistiriam no desvelamento da trama oculta.

Ainda, Moysés Aguiar procuraria caracterizar os projetos dramáticos envolvidos na questão que, convergentes ou não, possibilitariam ou não uma situação tele, entendida como um processo de co-criação.

Eu próprio procuraria desdobrar essas idéias de Aguiar, falando de projeto dramático manifesto e latente e em vertentes manifesta e latente de um mesmo projeto dramático.

Camila Salles Gonçalves tentaria traçar uma teoria da fantasia e da imaginação, inexplicavelmente inexistente em psicodrama, embora incipiente, argumentando que, sendo a função primitiva da fantasia a encenação do desejo, e tendo o psicodrama a singularidade da encenação da fantasia, o método psicodramático seria, em última análise, o da encenação do desejo.

Pedro Mascarenhas estudaria os estados espontâneo-criativos através da multiplicação dramática, do "ponto de vista molar e molecular do diretor, do encontro a partir da ressonância multiplicadora, do impacto que vai do sinistro ao prazer da criação estética (lúdico) e da comparação entre as características de ambigüidade e auto-reflexão da mensagem estética das obras de arte e do estado de espontaneidade/criatividade do psicodrama"[2].

Marineau reafirmaria Moreno, ao registrar o alcance de uma verdade psicodramática e poética, através da incorporação criativa de uma realidade suplementar.

---

2. MASCARENHAS, P. H. A. Multiplicação dramática, uma poética do psicodrama. (Monografia). São Paulo, 1995, não publicada.

Castello de Almeida afirmaria que tão diferentes afirmações são a prova incontestável de que o psicodrama se configura como método fenomenológico-existencial e pode, por isso mesmo, se apresentar como uma obra aberta.

E Moreno? O que diria?

Provavelmente não diria nada, porque já disse tudo, dando voz a seus discípulos, pleno de satisfação. Faria, desfazendo.

Naturalmente, seria uma ingenuidade supor que cada um destes psicodramatistas contemporâneos teria um único ângulo de visão sobre o momento psicodramático descrito, sem outras articulações com a teoria do psicodrama. Apenas ressaltamos aqui alguns pontos marcantes de suas contribuições teóricas, que sublinhassem, de modo relevante, diferentes maneiras psicodramáticas de tratar o mesmo fenômeno, que aliás, se concretamente diante de observadores-participantes diferentes, já não seria mais o mesmo fenômeno. A questão que permanentemente nos desafia é a da amplitude de possibilidades que a criatividade humana envolve, diante das potencialidades criativas e das limitações humanas de teorizar sobre elas.

Moreno descobriu, ao devolver asas de liberdade criativa ao ser humano, que tudo aquilo que poderia ocorrer no cenário psicodramático transcendia, e muito, qualquer tentativa de fechar questão sobre uma versão definitiva de um dado acontecimento.

O psicodramatista, partindo da própria essência do psicodrama, que é, em última análise, a compreensão, apreensão e exercício do binômio espontaneidade-criatividade, articulado à Sociometria, que lhe dá estrutura, e à Teoria de Papéis, que lhe fornece meios, estará imerso no paradoxo inevitável de ter de lidar com a própria espontaneidade-criatividade no momento de teorizar sobre psicodrama, teorizando sobre si mesmo.

Se acrescentarmos a isso a constatação de que ele é parte de um átomo social, no qual gravitam outros psicodramatistas capazes de criar sobre a criação e, por isso mesmo, dos mais diversos pontos de vista, será necessário que ele se encaixe numa espiral de encontro e desencontro de criatividades, num processo contínuo de acomodação e instabilidade.

Não é à toa que é tão difícil, senão impossível, um consenso sobre o que é e qual é a teoria do psicodrama.

Voltemos agora, portanto, àquela velha estação ferroviária no inverno alemão perdido e recuperado no tempo.

Os papéis sociais através dos quais ele e ela se relacionam, o de marido e mulher ou de cônjuges e, portanto, simétricos, são sinalizadores de uma escolha sociométrica de sinal positivo, que acabou por determinar um projeto dramático manifesto de casamento.

Não sabemos, até aqui, se há ou não uma mutualidade real de escolha, porque não sabemos se o perceptual de um ou de outro está ou não permeado por transferências no momento da escolha, e se esta escolha se mantém, e com qual perceptual durante o processo da relação.

Não podemos nem mesmo falar em mutualidade real, pois o termo real aqui implicaria uma certeza perceptiva que descartaria prontamente qualquer interferência transferencial, mesmo que oculta ou inoperante, o que, a meu ver, se configuraria como uma total impossibilidade.

Se este projeto dramático pode ou não ser vivido co-criativamente pelos dois, isto depende da vertente individual latente deste projeto dentro de cada um. Ou seja, um ou outro, ou, um e outro construíram um caminho de expectativas transferenciais sem que o outro soubesse ou participasse e sem que nem eles mesmos se dessem conta.

A cada uma destas vertentes individuais corresponderia uma cena interna ou, sob um ponto de vista sistêmico, um sistema de cenas, contendo cenas manifestas e latentes ou ocultas.

Tal é, sob esta ótica, o significado, numa relação desgastada de casamento, de vir à tona uma cena que co-inconscientemente representa para os dois a simbolização do desacordo implícito num mesmo projeto dramático, ou seja, os vagões de um mesmo trem que se separam e que correm, divergentes, para os caminhos irreconciliáveis do desencontro.

Enquanto um nega o perigo de um distanciamento irreversível, talvez confiando, com ou sem razão, na própria capacidade de enfrentar situações difíceis, o outro contempla passivamente a separação iminente.

Cada qual está, neste momento, imerso numa cena latente ou oculta. Ele, provavelmente, pelo prisma de Bustos, pelo comprometimento de papéis sociais ligados ao cacho (*cluster*) de incorporação passiva. Ela, ao de conquista de autonomia. Ambos imobilizados em seus Dramas privados, relacionando-se internamente com personagens que representam, neste momento, seus papéis complementares internos patológicos ou vínculos residuais, para esta situação específica, em que tal vinculação transferencial está em jogo, ligados às amarras de uma cena primigênia, onde se revelará a trama oculta, lugar e hora do desmascaramento, uma nova forma de vincularidade não mais focada no plano individual.

O diretor, por sua vez, com o seu envolvimento, como se vivesse um filme de *suspense*, participa com suas próprias cenas internas de um projeto dramático latente, subjacente aos dos papéis sociais de terapeuta e clientes, que viabiliza a protagonização do casal, criando elementos de proximidade, num grau de compartilhamento de emoções, que lhe dá *status* e função de platéia, sem lhe roubar o papel de diretor. O protagonista é protagonista de todos, inclusive do diretor, senão o psicodrama individual bipessoal nem mesmo seria possível. Só assim se vive junto este milagre criativo de um novo *status nascendi* relacional.

Os solilóquios e as inversões de papéis na cena psicodramática em que ambos estão presentes, e em que se prestam também ao papel de ego-auxiliar do outro, permitem uma apreensão simultânea de uma realidade suplementar, através da verdade psicodramática e poética de cada um, tornadas uma verdade psicodramática da relação. Nada mais que uma explosão co-criativa, papéis imaginários finalmente desencapsulados e tornados psicodramáticos no cenário do psicodrama, como a continuação espontânea de um sonho na cena do onirodrama, como um choque psicodramático na dramatização de um delírio. Enfim, circularizados? Reprogramados cenestesicamente? Rematrizados?

A cena ou cenas de um se multiplica ou se multiplicam na cena ou cenas do outro, levando ao prazer da criação estética, pela atuação do desejo através da imaginação e da fantasia, num processo co-criativo, a que chamamos tele. A criação, em sua estrutura sociométrica, permeada por papéis. Ou seja, a articulação entre Teoria da Espontaneidade-Criatividade, Sociometria e Teoria de Papéis.

São dois indivíduos num casamento que se desmancha que voltam a se encontrar. São dois vagões de um mesmo trem que se separam. São duas Alemanhas, parte de um mesmo mundo dividido, naquele momento, por duas ideologias, um mesmo Drama coletivo, que representa a eterna luta entre liberdade de criação e conserva, como, por exemplo, a condensação de séculos de dominação islâmica representados nos arcos mouriscos e mesquíticos da Catedral de Córdoba. Ou, como a face arrasada de Guernica registrada em cinza por Picasso, no coração e na costa do país basco, ao som das guitarras andaluzas de Manuel de Falla, filhas dos *al' uds* árabes, que desenham arabescos de odaliscas nos braços sensuais e nas mãos volteadas das dançarinas de *flamenco*.

"Nem tu nem eu estamos
com disposição
de nos encontrar", canta Garcia Lorca em *Encontro*[3].

"O passado põe
sua couraça de ferro
e tapa os ouvidos
com algodão do vento", pressente o poeta[4].

Passa o trem. O expresso das duas, de uma Alemanha, da União Soviética, da Rússia, da Espanha, do Brasil. O expresso para dentro de nós, com quem temos um encontro marcado.

"Às cinco horas da tarde.
Às cinco em ponto da tarde."[5]

---

3. LORCA, F. G. Encontro. In: *Obra Poética Completa*. Brasília, Martins Fontes, Editora Universidade de Brasília, 1989.
4. Idem, O pressentimento. In: *Obra Poética Completa*, *op. cit*.
5. Idem, A captura e a morte. In: *Obra Poética Completa*, *op. cit*.

6

A ROSA DO MORUMBI

O menino de jardineira laranja, bem à minha frente, deixou uma das baquetas cair, no auge do entusiasmo, e nem assim deixou de batucar com a mão esquerda que lhe sobrou.

Eu me curvei, não só ao samba, não só ao notável ritmista de um metro e pouco de altura, mas para apanhar a baqueta no chão, com um estalo da minha quinta lombar, e devolvê-la ao garoto que, sem perder o ritmo, me agradeceu com um aceno de cabeça.

A menininha mais à direita é menor que a minha filha e tem uma atitude no corpo que dança que não é a de um espírito baixado, nem a de uma modelagem de uma futura Valéria Valenssa de bunda de fora nas vinhetas carnavalescas da Globo.

É mais que isso, é mais que uma sensualidade incorporada para tão pouca idade, é a herança africana fluindo nas veias, reafirmando a libertação e a escravatura.

Lembra-me minha bisavó mulata e uma fotografia de família em que metade de minhas muitas tias-avós exibem, em primeiro plano, o cabelo pixaim por sobre os ombros acolchoados, ombreiras dos anos 40.

Vem de lá a frase cochichada nos corredores fofoquentos familiares: "Tia Acácia tem cabelo ruim!".

O significado da negritude, a superioridade de saber não ter a alma domada.

O nome branco da Costa do Marfim.

Os nomes colonizados dos antigos Congo Belga e África Equatorial Francesa.

Namíbia me soa mais novo, assim como reconheço na batida dos tambores o mesmo chamado de guerra das tribos africanas, os lundus nostálgicos brasileiros, a bateria explosiva da Mangueira, o improviso do *jazz*, e o som *funk* dos guetos negros norte-americanos.

A dança no corpo como os movimentos livres do homem em caça, mimetizado nos campos da África.

Vozes d'África de Castro Alves, *Navio Negreiro*.

O brilho faiscante no olhar e as narinas dilatadas em alerta dominando e temendo cada rugido e cada mudança de rumo e de cheiro dos animais selvagens.

Minhas impressões. Minhas repressões. Meus preconceitos.

O professor de bateria, pura energia, comandando, à frente daqueles meninos, mais que *buwana*, nada a ver com o Jim das Selvas, mais para Tarzã, elo de ligação, fio elétrico, dicionário dos tambores e tamborins, o branco que entra na pauta e na harmonia, que se envolve, que acredita, que vive a alma do batuque.

E, de repente, aquela outra, maiorzinha, desencava do *winchester* das minhas lembranças uma prima distante que eu tinha, favelada, morando em palafitas na Praia do Pinto (dois tios maldosos garantiam que a Claudinha dava, com certeza, não para eles), mas que era a única da família que possuía um corrupião que eu admirava, deslumbrado, através das grades da gaiola, cada vez que eu a visitava com o coração pequenininho, constrangido dentro do peito, tocado que era pelos odores da pobreza e pelos seus dedos ásperos de lavadeira no meu cabelo fino e duro de Gumex, um pixaim artificial *fashion*.

Vai ver é por isso que acordo tão cedo para ir trabalhar. Para também não virar favelado um dia, apesar do corrupião.

Está tudo aí. A separação entre palco e platéia. A minha *paura* burguesa vendo, em cada um daqueles cem pequenos ritmistas, aquele que me assaltará na próxima esquina ou que me matará sem piedade porque esqueci a senha do cartão de crédito, só para honrar o compromisso com o traficante de *crack*, me cobrando, na verdade, a educação, a saúde e as oportunidades que não lhe ofereceram com a mínima dignidade.

Socorro! Cadê o meu celular?

E pensar que a Ana e o Paulo Zampieri "fazem" sociodrama com essas crianças!

Não para nos defender delas ou para antepor um biombo psicodramático para disfarçar a miséria, mas para trazê-las até nós com as gritantes diferenças.

Aos *Meninos do Morumbi*, ao Paulo, à Ana e ao professor de bateria (nem sei o seu nome), a minha emoção.

Tudo isso acontecia na abertura de um encontro de professores e supervisores de psicodrama, em São Paulo, em fins de 1997.

Estávamos todos mais ou menos confinados num anfiteatro do Instituto Sedes Sapientiae, tendo bem à frente um crucifixo despojado na parede, sem saber o que nos reservava, quando de um ônibus para o pequeno palco, na nossa cara, iam sendo despejados, pela porta dos fundos, um bando de crianças e adolescentes das favelas do Morumbi, com sua parafernália de instrumentos de percussão.

De repente, estávamos nós de um lado e eles do outro, todos no meio da ensurdecedora e vibrante batucada naquele ambiente fechado.

Até o Cristo dependurado estremeceu ao som do batuque. Garanto que estava mais alegre do que se ouvisse um comportado canto gregoriano ou o *Rex Tremendae Magestatis*, de Mozart. Era a própria sacralização do samba.

Não é sem propósito que o impacto desta surpreendente abertura levantasse tanta coisa de meus sentimentos, sensações e emoções no rol de minhas reminiscências e de minhas raízes cariocas.

Vendo as reações de meus colegas, parecidas com o que eu próprio sentia, eu podia imaginar, naquele anfiteatro cheio, a cascata de associações que tomava conta de cada um de nós, compondo um clima indescritível, em que nos ligava um fio ao mesmo tempo visível e invisível.

O mais surpreendente de tudo veio logo depois.

Os Meninos do Morumbi terminaram o espetáculo e, é claro, foram ovacionados por nós de pé e com "bravo".

Permanecíamos ainda sob o efeito de tanta emoção, sem que a poeira tivesse ainda baixado, quando foi anunciado no palco o início da conferência da dra. Rosa Macedo, eminente e conhecidíssima colega da PUC, sobre os novos paradigmas da psicologia e das psicoterapias.

Confesso que não sou capaz de repetir uma única frase daquela conferência.

Se me fosse dada a incumbência de organizar aquele evento, com certeza eu não faria diferente e nem conseguiria fazer melhor.

A questão que se coloca não é a da competência e do brilhantismo da dra. Rosa, indiscutíveis. Nem é a da aprovação ou desaprovação da forma de organização daquele encontro de professores e supervisores de psicodrama, aliás, irretocável e que me cativou intensamente.

É que perdi o chão e, graças a Deus, pregado lá no crucifixo, foi este o ponto intrigante e instigante que mais me desencadeou reflexões — esta perda de chão.

Esta cisão que insistimos em promover em nome da ciência é o que mais nos distancia da vivência humana.

O psicodrama estava todo lá, naquele anfiteatro: a explosão espontâneo-criativa da batucada, o fosso social que separava os co-protagonistas da platéia, o envolvimento instantâneo capaz de desencadear a mais ampla e rica cadeia associativa integrando razão, sensação e afeto, a ação dizendo por si mesma muito antes da palavra, a catarse não dita da platéia etc.

Tudo implorando por compartilhamento. O acontecimento exigindo a mudança do *script* preestabelecido.

Em vez disso, como se fosse possível mudar a estação com um simples toque de um botão, o cumprimento fiel de uma obrigação acadêmica que, naquele momento, não poderia ter a mesma receptividade, não importa de quem viesse.

É o mesmo vício interpretativo que despreza aquilo que se está vivendo, trocando qualquer forma de compartilhar e de ampliar, portanto, as vivências co-criativas possíveis por um comentário que, por mais sábio que seja, acaba distanciando um ser humano de outro, no esforço de alcançar a inalcançável exatidão reflexiva.

É como querer obrigar quem está dentro a ficar de fora.

Assistimos muitas vezes em nossos congressos de psicodrama a prática, felizmente não repetida atualmente, de fazer um "processamento" final de todo o evento.

Naturalmente, houve época em que consideramos tal hábito necessário, até porque precisávamos entender as desavenças e discordâncias que não queríamos e em que, assim mesmo, nos metíamos. Cumpriu, num certo momento, sua função histórica e se esgotou em si mesmo com o amadurecimento do movimento psicodramático brasileiro.

Em palavras cruas, numa determinada altura de nosso processo, passou a "encher o saco" e tal procedimento foi, sabiamente, abandonado.

Ora, fazer um "processamento" de um congresso era uma tarefa absurdamente pretensiosa, mesmo quando se tentou fazê-la em equipe. Ninguém poderia ser onipresente o suficiente para dar conta das numerosíssimas atividades teóricas e práticas (vivenciais). Não há nem o que dizer a respeito.

Por outro lado, estes "processamentos" acabavam por me deixar numa disposição irritada, como se eu tivesse acabado de assistir a um filme emocionante e, saindo do cinema, inundado de sentimentos e sensações, encontrasse um crítico especializado me cortando o barato e insistindo, falando sem parar, em me contar, de um ponto de vista erudito e técnico, o filme recém-degustado e ainda tão presente em mim. Um chato insuportável.

Por isso a frase do Wilson Castello de Almeida dita neste mesmo encontro de 97: "O psicodrama é em si mesmo o paradigma".

Ou seja, é o envolver-se e não o distanciar-se que nos pode dar a vivência co-criativa de qualquer relação. Teorizar tem que ser uma conseqüência natural da vivência de tal envolvimento.

A meta deve ser conseguir tal integração com a melhor harmonia e flexibilidade possíveis.

No exemplo dos *Meninos do Morumbi*, o corte abrupto de uma vivência que, inesperadamente, pede um compartilhamento, para a inserção de um discurso acadêmico formal, apesar de seu alto nível de qualidade, é o atropelamento de uma delicada trama de sutilezas perpassando o co-consciente e o co-inconsciente daquele grupo, mesmo se tratando de um evento "científico".

Sem dúvida não se pode prever que uma abertura de caráter "sociocultural" possa "invadir" a este ponto a abertura de caráter "científico".

Colocando-me no papel dos organizadores, é claro que não se pode "desconvidar" na hora uma convidada de honra do porte da dra. Rosa, que nem mesmo é psicodramatista (tem outro referencial teórico), já esperando o fim do espetáculo para iniciar a sua conferência.

Não haveria uma maneira compartilhável de fazer a ponte entre uma abertura e outra, flexibilizada pelas circunstâncias e pela modificação dos interesses do grupo, com benefícios evidentes até para a conferencista, que teria, certamente, um público mais inteiro e mais atento?

Quem sabe uma *Rosa do Morumbi*, em que o furor ácido de uma batucada de favela devolva o frescor à flor acadêmica, tantas vezes visivelmente insípida e sem vitalidade?

Olhemos tal questão através de outra perspectiva.

Se qualquer um de vocês, leitores, pudesse observar o que acontece nos momentos iniciais de um trabalho psicodramático grupal que eu esteja dirigindo, incluindo aqui também meus grupos de psicoterapia psicodramática em meu consultório, talvez vocês estranhassem não distinguir bem quem são os clientes, supervisionandos, alunos ou participantes e quem é o psicodramatista diretor da atividade.

Neste primeiro instante, todos poderiam estar conversando descontraidamente sobre qualquer assunto, até parecendo não haver uma direção definida, tudo se assemelhando mais a um bate-papo informal.

Permissividade irrefletida? Ausência de domínio técnico? Leitura teórica equivocada?

Ora, estes primeiros passos de uma atividade psicodramática de grupo, seja uma sessão de psicoterapia, uma supervisão ou um ato psicodramático, chamamos de etapa de aquecimento inespecífico.

Esta etapa, como qualquer psicodramatista está cansado de saber, serve tanto para o aquecimento do grupo quanto do diretor e dos egos-auxiliares, quando estes também estão presentes, para a ação dramática.

Se considerarmos que todos, incluindo o diretor, estão envolvidos num mesmo campo co-consciente e co-inconsciente com suas próprias percepções, distorcidas ou não, e suas próprias subjetividades no sentido mais amplo possível, o psicodramatista não pode ficar à parte como se fosse um mero decodificador impessoal.

Sendo parte da mesma experiência e da mesma co-criação, seu talento tanto será maior quanto a sua capacidade de se permitir se envolver para captar vivencialmente o acontecer grupal, do qual também faz parte, e de, igualmente, também se permitir "distanciar", sem negar a sua co-participação e seus "interesses" co-inconscientes, para estruturar o domínio técnico necessário para o manejo do grupo.

Portanto, a aparente disposição de bate-papo do diretor na etapa de aquecimento inespecífico do grupo faz parte do aquecimento do próprio diretor, envolvendo-se com a temática co-consciente e co-inconsciente de todos os seus participantes, incluindo ele mesmo.

É como envolver-se na batucada dos *Meninos do Morumbi*, entrar nela com suas sensações, sentimentos, emoções e associações, numa disposição de compartilhamento co-consciente e co-inconsciente e, portanto, numa abertura co-criativa, para, só depois deste aquecimento completado, poder diferenciar-se, através das características de seu papel profissional, por meio de suas funções, em que agirá tecnicamente, não deixando nunca de lado o seu envolvimento e a ação concreta de sua subjetividade em suas próprias decisões em cada caminho tomado.

Este envolvimento psicodramático co-criativo, que inclui a dimensão estética, deve ser levado, a meu ver, às últimas conseqüências.

Quero dizer com isto que tal incorporação é possível e espontânea no papel profissional quando ela já se tornou um modo de ser na própria vida. Se assim não fosse, soaria artificial.

Sendo assim, o psicodramatista como professor, como supervisor, como produtor ou co-produtor de trabalhos científicos, se comportará da mesma forma e transmitirá a mesma disposição vivencial para o outro, em qualquer circunstância.

O mesmo se aplica no que diz respeito à articulação de sua prática com a teoria do psicodrama.

No entanto, um velho sentimento de inferioridade ainda perpassa alguns setores do psicodrama brasileiro.

Durante muitos anos buscou-se uma estruturação mais sólida da teoria psicodramática que, muitas vezes, sobrepassava o seu fortalecimento em si mesma como finalidade — a maior clareza do conhecimento convalidando a sua prática.

A forma como era feita, em muitas ocasiões, acabava por dar a impressão que o objetivo principal era a conquista de uma respeitabilidade aos olhos dos não-psicodramatistas.

Obviamente, quando se desfoca do próprio psicodrama a revisão de seus conceitos e postulados, cria-se uma vulnerabilidade tal que nos obriga a uma posição colonizada, tentando encaixar à força a teoria psicodramática em modelos e paradigmas de outras correntes de pensamento.

Ou seja, o psicodrama deixa de ser ele próprio o paradigma.

É quando ele perde em leveza e profundidade porque se entende que tal profundidade só pode advir da sisudez ou do ranço acadêmico.

Vem daí o bombardeio de psicologizações psicodramáticas com a sua excessiva procura de uma via desenvolvimentista e psicodinâmica, cujo modelo tem origem na psicanálise, com tentativas de criar, a qualquer custo, uma psicopatologia psicodramática que, queiramos ou não, não existe, em sua origem, em razão das características do psicodrama, que se oferece paradigmaticamente como oposição a tudo isso, compreendido como movimento existencial permanente e como co-criação.

É neste ponto, em que mais se insiste em revestir o psicodrama de um cheiro de mofo e de uma naftalina cientificóide, copiando as tendências das demais correntes da psicologia e das psicoterapias, que ele mais se empobrece.

Não é muito fácil, admito, encontrar o tom certo.

É claro que os múltiplos caminhos que são tentados, inclusive aqueles que estou criticando aqui, são todos bem-intencionados e têm como motivação o mesmo amor pelo psicodrama que eu tenho.

A minha preocupação está voltada para as contradições e para os excessos que tantas vezes cometemos, correndo atrás de uma maior coerência.

Um bom exemplo disso é a preocupação de alguns psicodramatistas em chamar o psicodrama de socionomia e tudo o que dele decorre, como, por exemplo, chamar atos psicodramáticos de atos socionômicos ou substituir práticas psicodramáticas por práticas socionômicas.

No meu ponto de vista, trata-se de um excesso por várias razões.

Em primeiro lugar, psicodrama é um termo consagrado a tal ponto, que numerosíssimas instituições e associações em todo o mundo têm em seu nome a própria palavra psicodrama (Associação X de Psicodrama, Sociedade Y de Psicodrama, Federação Z de Psicodrama etc.) e todos os profissionais da área (milhares) se intitulam psicodramatistas.

Querer batizá-los, a esta altura dos acontecimentos, de socionomistas é como querer trocar o nome psicanalista por inconscientólogo, por exemplo.

Ou seja, totalmente fora de propósito.

É claro que está certo o meu queridíssimo amigo Aníbal Mezher, defensor desta posição desde, pelo menos, 1984, embora sem tais exageros.

Mezher argumenta que a sistematização da teoria do psicodrama foi construída depois da popularização da palavra psicodrama.

Sendo o próprio Moreno o criador da disciplina Socionomia, subdividida em Sociometria, Sociodinâmica e Sociatria, por que não respeitar, por uma questão de coerência, a própria nomenclatura construída por ele?

Ora, o próprio Moreno e seus sucessores, como a própria Zerka Moreno, jamais deixaram de utilizar o termo psicodrama.

Com certeza, eles sempre souberam da confusão que iriam causar se trocassem o nome.

Por outro lado, além de o nome psicodrama comunicar uma maior leveza, ele contém em si mesmo a sua origem, o teatro, e inclui uma dimensão estética totalmente ausente do termo socionomia.

Não levemos Moreno tão a sério. Tendo criado, genialmente, a palavra psicodrama, que diz tudo, após emigrar para a América, seu sentimento de uma certa inferioridade (que mais tarde nos contaminou), que certamente coexistia com a sua megalomania (normal, segundo Marineau), acabou cedendo às pressões cientificistas americanas da época, também em busca do reconhecimento e respeitabilidade (é humano, não é?), desembocando numa sistematização quase compulsiva que resultou na nomenclatura em questão.

Estamos à beira de repetir tal trajetória, passando do ponto, abandonando a criação mais rica, a dimensão estética, nos curvando ao psicologuês e ao sociologuês acadêmicos, como se isto fosse o ponto-chave capaz de conferir seriedade ao nosso discurso. Como, se não fosse assim, não fôssemos "científicos".

Na verdade, estaríamos, isto sim, abandonando o psicodrama como o seu próprio paradigma, que harmoniza filosofia, ciência e arte.

E pior, estaríamos, com isso, passando para os nossos alunos esta sisudez envernizada que se distancia dos propósitos espontâneo-criativos do psicodrama, colecionando uma erudição vazia, muito longe da incorporação de uma cultura psicodramática ou de qualquer cultura, porque desprovida de sabedoria.

Com isto não estou dizendo que se deixe de lado a nomenclatura, mas que se saiba onde colocá-la e como e quando bem utilizá-la.

Vamos abrir o armário da vovó, jogar um pouco de Detefon em cima das traças e das baratas da teorização sisuda e deixar entrar o arejamento de uma dimensão estética que recupere a leveza de que tudo o que fazemos é por e para o ser humano, e não para carcaças imóveis em seus fardões de academia.

Que me perdoe o meu grande amigo Aníbal. Não estou aqui a desrespeitá-lo ou a desautorizá-lo, mesmo porque é imensa a admiração que lhe tenho.

Na verdade, quero me permitir zombar um pouco de mim mesmo, de meus ranços e de minhas contradições, jogando o mote de Moreno, que até depois de morto devolveu um pouco de alegria à psiquiatria.

Não posso resistir, e aí vai um pouco de irreverência e até de molecagem, quando escuto falar em socionomistas ou atos socionômicos, a deixar correr solta a minha fantasia e imaginar um bando de psicodramatistas vestidos de escoteiros com um bonezinho disciplinado à cabeça cantando o "Hino dos Socionomistas":

No vinco de tergal acadêmico
o vírus já se tornou endêmico
de impedir o olhar maleável,
calçando o vulcabrás impermeável
a qualquer transformação.
Em vez do sim, digo não,
sem qualquer pressa ou urgência,
batendo na testa continência
à bandeira sociátrica,
socionômica, geriátrica,
cujo lema positivista,
até onde alcança a vista,
faixa branca do meio,
sem resquício de receio,
de estrelas rodeada
e de céu azul pespontada,
é "Desordem e Espontaneidade",
se me permitem tal veleidade,
entrar em forma gutural
ao comando de "CONSEEEER-VA CULLLLTU-RAL!"
pelas pernas antigas de Mistinguett,
pelo *site*, *link*, via *Internet*,
silhueta esbelta *art-déco*,
avant-garde, hino retrô,
clicando sensualmente o *mouse*:
arroba, pontocom, *Beacon House*[1].

A propósito, ficou faltando o desfecho daquele encontro de professores e supervisores que começou com a batucada.

---

1. Para os não iniciados, *Beacon House* é o nome pelo qual ficou conhecida a instituição, em Beacon, no Estado de Nova York, onde Moreno formava psicodramatistas e onde ele próprio morava.

Como não podia deixar de ser, acabei virando protagonista no final, eu que o era desde o início, como um personagem de Visconti, vago como as vagas estrelas, de repente, tomado por um brilho intenso que me atinge em cheio, mais que tudo, no centro do peito, com o impacto irreversível de um suicida no asfalto, como um reflexo da Ursa Maior, viajando no espaço sideral de um palco de psicodrama.

Retorna da morte um personagem para meu confronto e, enfim, conforto, como um verso de Leopardi, uma presença fátua de uma tragédia camiliana, fonsequiana, borbiana, ronaldiana, anaknobeliana, tereziniana, anitiana, analuiziana, elisiana, marciana e gloriana[2].

---

2. Registre-se aqui uma homenagem ao grupo *Vagas Estrelas*, composto pelos profissionais cujos nomes próprios foram transformados em expressões qualificativas.

7

SABIÁS NÃO CANTAM EM PALMEIRAS

O exílio deve ter deixado Gonçalves Dias de miolo mole ou deve ser a tal licença poética (ô meu, aí da copidescagem, é licença ou com licença?), mas, sinto muito, poeta, sabiás não cantam em palmeiras, embora a imagem, confesso, além de bela, se tornou impecavelmente imortal.

Vejam lá como são essas coisas, o nosso ilustre exilado atropelou com um *carterpillar* metrificado a ecologia e a ornitologia e até hoje o brasileiro olha para o alto das palmeiras procurando sabiás e jurando de pés juntos que o assobio do outro lado da rua, que o seu ouvido automaticamente registrou, é o canto mavioso do passarinho.

E, assim, se perpetuam os mitos.

Nos textos de psicodrama acontece a mesma coisa. Basta dar a eles uma certa investidura acadêmica, uma espécie de *smoking* científico, semeando aqui e acolá algumas palavras respeitáveis e surradinhas como "contexto", "cotejar" e "recorte" e, se "terceiro milênio", melhor ainda, deixar crescer uma barbichinha que nos ajude a psicografar pelo espírito de Gonçalves Dias, que no dia seguinte vai sair todo mundo repetindo que sabiás cantam bem alto nas palmeiras psicodramáticas.

Nada nem ninguém são inquestionáveis. Inclusive esta frase.

Toda vez que alguém me diz que conheceu a Europa, uma comichão me faz perguntar ao viajante o que achou dos rochedos da Cornualha, do noroeste da Bulgária, dos contrafortes dos Cárpatos, dos estábulos de Balmoral, dos subúrbios de Aberdeen ou da costa ocidental da Albânia, um pouco distante, talvez, do circuito diplomático *Elizabeth Arden* do eixo Londres (aqui substituindo Nova York) – Paris–Roma.

Pois bem (porra, meu!), não é que os psicodramatistas anglo-saxões ou seus porta-vozes, que sempre nos ignoraram, nós ao sul do equador, novamente colocaram suas manguinhas de fora, comportando-se exatamente como estes turistas deslumbrados e ignorantes?

Ninguém menos que Marcia Karp e Jonathan Moreno. Pasmem!

Marcia Karp, nossa colega inglesa e que já nos visitou várias vezes, escreve na contracapa do livro de Peter Felix Kellermann, da Universidade de Jerusalém, *O psicodrama em foco*[1], a seguinte pérola: "Compre! Este é um excelente livro de psicodrama escrito por um dos poucos homens eruditos em nosso campo..."[2].

Jonathan Moreno, o próprio filho de Moreno, que, acredito, não pode deixar de conhecer a amplitude do movimento psicodramático latino-americano —, e particularmente do brasileiro, já que sua mãe esteve no Brasil em diversas ocasiões —, diz, no prefácio do mesmo livro: "... as razões da ocorrência do período de cerca de trinta anos de relativa calmaria no desenvolvimento das teorias psicodramáticas. Digo 'relativa' porque não é absolutamente minha intenção menosprezar o trabalho daqueles autores (relativamente poucos) que contribuíram para ampliar a compreensão dos processos psicodramáticos dentre os quais se inclui minha mãe, Zerka Moreno. Mas o fato entristecedor é que eles se constituíram exceção, e que no campo do psicodrama houve um certo grau de estagnação conceitual." "... que uma nova geração já amadureceu e está pronta para desmentir a impressão 'óbvia' de que as pessoas que se sentem atraídas pelo psicodrama não têm paciência necessária para um trabalho acadêmico, tantas vezes solitário"[3].

---

1. A crítica que aqui faço a Marcia Karp e a Jonathan Moreno não desmerecem, de forma alguma, a obra de Kellermann.
2. KARP, M. Contracapa do livro de KELLERMANN, P. F. *O psicodrama em foco*. São Paulo, Ágora, 1998.
3. MORENO, J. Prefácio do livro de KELLERMANN, P. F. *O psicodrama em foco*, *op. cit.*

Caros Marcia e Jonathan, que pena vocês não falarem e, melhor, não lerem português. Só no Brasil, nestes últimos vinte anos de "estagnação", os psicodramatistas brasileiros produziram aproximadamente oitenta livros e mil artigos, fora inúmeras teses e monografias não publicadas (tudo de psicodrama), que vocês desconhecem completamente.

Isto sem falar na produção de nossos colegas latino-americanos e da Península Ibérica, em espanhol e português.

Caso vocês tivessem lido todo este material e mantivessem a mesma opinião, esta opinião seria, com certeza, respeitável e aceita, embora polemizável.

Porém, com o peso internacional que vocês têm e com a divulgação do livro do Kellermann em inglês e em português, acontecerão duas coisas: primeiro, o mundo anglo-saxão continuará ignorando e menosprezando esta imensa produção brasileira (fora a restante latino-americana e a ibérica) e, segundo, vocês dois, com tais declarações, ao menos, por enquanto, estão expostos ao ridículo no Brasil, um país que tem aproximadamente três mil psicodramatistas.

Mais uma vez, repito, sabiás não cantam em palmeiras.

É como aquele precursor da Agatha Christie, como é mesmo o nome dele? Aquele caipira ex-ator ambulante, do interior da Inglaterra, daquela cidadezinha, qual é mesmo o nome? Ah, Stratford on Avon, o Guilherminho.

Pois não é que o Guilherminho, naqueles tempos em que não era necessária uma campanha de "Vamos ao Teatro" porque o teatro vinha até o público, acabou conseguindo se fixar no *Globe Theatre*, uma espécie de sucursal da Globo, da época?

Suas peças acabavam por falta de atores. Morria todo mundo. Só que bem nas fuças do espectador. Não havia assassino escondido como nas histórias de sua compatriota Agatha Christie.

Imaginem um inglês ver William Shakespeare ser tratado desta maneira! Provavelmente desencadearia uma nova "Malvinas".

Massaro, em um belíssimo trabalho recente, em que reclama da falta de identidade própria do psicodrama brasileiro, nos diz: "Assim, nessa terra, se tudo é estrangeiro, nada o é". "Nossas instituições, nossos modelos políticos, nossas formas de relacionamento e até mesmo nossos fatos históricos, com raras exceções, são originários do exterior. Somos brasileiros desterrados do Brasil." "O psicodrama(...) no Brasil(...) traz a marca de questões que não são nossas, como a briga com a psicanálise, a sociometria como resolução dos conflitos do mundo e o 'american way of life'"[4].

Na verdade, com uma certa freqüência, falta a iniciativa fundamental de fazer os ajustes culturais, não só para a época em que vivemos, como para a realidade brasileira, das formulações teóricas a que nos aventuramos.

Tardivo, por exemplo, psicóloga não psicodramatista e especializada em atendimento de crianças e adultos, doutora pela USP (Universidade de São Paulo), é capaz de afirmar que "o primeiro brinquedo que se dá a uma criança é o chocalho, que produz sons que aparecem e desaparecem, como instrumentos primitivos"; que "perto de completar 1 ano (ou pouco mais) surge o TAMBOR... usado nas tribos primitivas pelas mulheres nos rituais de fecundidade, para mandar mensagens e depois nas cerimônias de guerra. A criança também pode se interessar pelo tambor, porque (pelas suas características) tem relação com fecundidade, depois como meio de comunicação e finalmente serve para a descarga de suas tendências agressivas. Ele é muito importante para facilitar sua descarga motora"[5]. E por aí vai, relacionando a bola ao corpo da mãe grávida, apontando a fase entre 5 e 7 anos como aquela em que os meninos usam roupas de super-heróis e as meninas vestem roupas da mãe etc.

Sob o ponto de vista da psicanálise praticada na Europa no começo do século, nada mais correto.

Imagino, no entanto, que ou a ilustre colega não tem filhos no Brasil ou os teve há muito tempo, porque chocalho como sendo obrigatoriamente o primeiro presente ou aquele pelo qual a criança mais se interessa, no cardápio imenso, variado e consumista da nossa indústria de brinquedos, é uma afirmação que faz sorrir, consternados, todos os gugus liberatos, angélicas e xuxas da vida, seus mais insistentes *marketeiros*.

---

4. MASSARO, G. O papel do colonizador e do colonizado. Por uma identidade do psicodrama no Brasil. Trabalho apresentado no 11º Congresso Brasileiro de Psicodrama, Campos do Jordão, 1998, ainda não publicado.

5. TARDIVO, L. C. Brincar, prazer e necessidade. *Viver Psicologia*, ano I, nº 7, 1993, pp. 21-5.

Desculpe, mas não conheço nenhuma criança hoje que tenha um tambor em casa, artigo quase que "de luxo" nas prateleiras infindáveis das lojas de brinquedos, ou, no caso raro de possuí-lo, os pais logo encontram um jeito discreto de sumir com ele, para alívio dos ensurdecidos condôminos, em nossa realidade de apartamentos, interrompendo definitivamente a carreira do futuro Gene Krupa, uma espécie de colega do pessoal do Olodum.

Estes dois exemplos, o do chocalho e o do tambor, têm apenas, no trabalho citado, a função de revalidar à força teorias freudianas sem qualquer sopro de renovação ou de adequação ao fim de século no Brasil, o que, infelizmente, se tornam carcomidas pela própria inépcia de seus seguidores. Como a do carretel do neto de Freud, que aparece e desaparece também no artigo citado.

Basta olhar na entrada de qualquer creche ou de qualquer pré-escola, em qualquer dia do ano, a legião de *batmans*, cinderelas e brancas de neve, de 2 ou 3 anos de idade, para cair totalmente por terra a delimitação de uma certa faixa de idade em que tais transformismos acontecem.

Isto não depende mais da interpretação dos psicanalistas ou das pulsões infantis, mas do Departamento de Vendas da Disney World, que pregará nas fantasias as etiquetas de 0 a 1, de 2 a 4, de 4 a 6 anos etc., e do horário comercial da TV.

A mesma coisa se pode dizer do psicodrama e dos psicodramatistas em várias de suas formulações.

Para brasileiro, que já nasce sambando, aquecimento corporal já começa do meio.

Assistimos, ao longo de todos estes anos em que o psicodrama está implantado entre nós, a um cansativo desfile de psicodramatistas estrangeiros, a começar pela Zerka Falou e Disse Moreno, com o modelo de formação psicodramática de Beacon rigidamente introjetado em cada um deles, a nos querer ensinar um manual de receitas técnicas de como "fazer" psicodrama.

Quero esclarecer, primeiro, que a brincadeira com Zerka Moreno, uma mulher e profissional extraordinária em sua incrível experiência e dimensão humana e a quem devemos o mais reverente respeito, se dirige não à Zerka, mas à nossa posição colonizada, e daí o "Falou e Disse", de acatar sem críticas tudo o que vem de fora, sem passar antes pela chancela do nosso próprio selo de qualidade.

Pois bem, isto esclarecido, voltemos ao manual de receitas.

É claro que para rumeno (origem de Moreno), austríaco (para quem Moreno primeiro apresentou o psicodrama) e americano (cuja pátria acabou se tornando o solo em que Moreno se fixou), a noção de corpo e de cintura é diferente da noção brasileira.

É só observar as danças folclóricas européias, de Portugal à Hungria, da Finlândia à Itália. Todas elas parecidíssimas entre si em seus volteios e pulinhos, alguma coisa de quadrilha. Todas com roupas comportadíssimas e fechadas. Com exceção, talvez, da Espanha, com sua dança *flamenca* que não pode negar sua influência mourisca, e de uma certa forma de sapateado irlandês, que lembra um pouco uma certa dança *folks* norte-americana, ou seja, caipira.

Se observarmos um certo estilo de dançar dos americanos pós-modernos em suas discotecas, o passo marcado com os joelhos projetando-se alternada e ritmicamente para o alto, articulando-se a sacudidelas bruscas do pescoço para a frente, ele se parece muito ao das danças de guerra ou de "chuva" dos peles-vermelhas de todos os tempos.

O estilo de vida nos Estados Unidos, suas academias de danças e os filmes americanos — que retratam com uma boa dose de realidade tudo isso —, repetem a obsessão do "passo certo", o passo treinado que todo mundo faz igual para não errar na pista de dança e para "brilhar" mais que o outro, a compulsiva competição ianque levada às últimas conseqüências.

Comparemos tudo isso à diversidade musical brasileira com seus vários tipos de samba (o samba baiano diferente do carioca, o samba de pagode, o de escola de samba, a batida diferente do samba paulista, a bossa-nova, o samba-canção), a marchinha carnavalesca, a marcha-rancho, o frevo, o maracatu, a toada, o baião, o xaxado, as outras músicas de forró e até as danças folclóricas europeizadas do Sul etc.

A influência negra que nos Estados Unidos deu origem ao *blues*, uma espécie de banzo musical, e dele às sofisticadas harmonizações *jazzísticas*, ao canto rouco e balançado do *rock'n roll* e ao sapateado peculiar que acabou por influenciar toda uma era de Hollywood e da Broadway, no Brasil, revestiu o corpo de uma malemolência escrava.

Enquanto o branco, nos bailes de carnaval, pula e agita os braços, o verdadeiro sambista "samba" da cintura para baixo com movimentos de ombros contidíssimos, como que dicotomizando no corpo a expressão das diversas faces da sensualidade — da cintura para cima como que incorporando o prazer e o sentimento e da cintura para baixo deixando fluir livremente os movimentos que deles decorrem. É o "Ovo de Colombo" do samba. Fica a sugestão de enredo para qualquer carnavalesco sem inspiração para o próximo ano.

É claro que as más conservas culturais também impregnaram o samba, com modelos esculturais e artistas da TV, sambando, sem talento, na avenida, e na quase ausência de sambas-enredos em tom menor, como ocorria nos carnavais do passado.

É notório, hoje, que para "ganhar" um carnaval o compositor transforma o samba-enredo numa quase marchinha de cadência mais acelerada, sempre em tom maior e com um estribilho curto e de fácil memorização para levantar o público e sugestionar a mídia.

Porém, apesar de tais desvios e concessões, apesar de muita gente girar os braços sambando, como fazia, aliás, a Elis Regina em seu início de carreira, sendo até por isso conhecida, na época, como Eliscóptero, apesar de tudo, o brasileiro, a seu modo, continua dançando com mais ou menos liberdade e criação, com o corpo mais ou menos à mostra em suas roupas e fantasias mais ou menos sumárias.

A relação do brasileiro com o corpo é, indiscutivelmente, diferente daquela do europeu, do norte-americano e até de outro latino-americano, como, em vista disso tudo, não poderia deixar de ser, onde também entram o clima e a praia em nossa costa monumental.

Logo, submeter-se cegamente às técnicas psicodramáticas de aquecimento corporal, inventadas na Europa ou nos Estados Unidos, mesmo levando em conta as diferenças individuais de maior ou menor soltura das pessoas, seria reconhecer, mesmo que implicitamente, que a universalidade das dificuldades humanas não passa pelo funil das especificidades culturais que lhe dão sua tonalidade única e particular. Ou seja, um absurdo inaceitável.

Deste modo, não faz mal a ninguém passar uma peneira nas técnicas que nos são apresentadas de fora e, selecionando-as, segundo nossa realidade cultural, saber separá-las entre aquelas que nos são pertinentes, modificáveis ou não, e aquelas que são apenas para "inglês ver".

Voltando ao modelo Beacon e ao seu manual de receitas de aquecimento, chega a ser enfadonhamente invariável a lista de procedimentos minuciosamente repetidos e detalhados com que se faz o protagonista percorrer numa *via-crúcis* que deveria ser, na verdade, um tapete mágico.

O pior de tudo é que os diretores de psicodrama com o carimbo *Beacon House* não têm a menor dúvida de que este é o caminho certo. E isto porque em psicodrama se privilegia a criatividade. Imagina-se que também a do diretor. Já pensaram, então, se assim não fosse?

Vou me repetir um pouco, pois já tratei do assunto em meu último livro (*Ainda e sempre psicodrama*).

O que importa ao psicodramatista é a percepção do seu próprio aquecimento como diretor, do aquecimento do protagonista e do restante do grupo.

Aplicar mais ou menos uma série de procedimentos técnicos de aquecimento depende deste fundamento.

Estou utilizando um detalhamento maior porque eu, diretor, não estou ainda aquecido? Ou porque o protagonista (aqui, ainda um emergente grupal) está "frio"? Ou estou "dando um tempo" para o aquecimento da platéia? Ou tudo isso?

Repetir estereotipadamente o mesmo roteiro, qualquer que seja o estado de aquecimento do diretor, do protagonista (emergente grupal) e da platéia é atravessar este fundamento e correr o risco do desaquecimento.

Por isso, por exemplo, se já é bom o estado de aquecimento, não tem nenhum sentido pedir ao protagonista que marque com almofadas cada detalhe do ambiente (uma para cada móvel, para a porta de entrada etc.).

Confesso que fico chocado quando vou dirigir uma supervisão psicodramática e, na cena, um aluno-protagonista dispara a marcar todos os elementos do cenário com almofadas ao simples pedido meu: "Onde você está?".

O choque que eu sinto é pela naturalidade com que isso acontece. O aluno parece um cãozinho amestrado, como boa parte dos diretores de Beacon. Está claríssimo que aprenderam somente assim, não questionam de nenhuma forma tal procedimento, e com a sua "naturalidade" em repetir o padrão aprendido é como se estabelecessem comigo uma linguagem de iniciados. Só que o meu referencial psicodramático sendo inteiramente outro, porque acrescido de uma avaliação crítica que redimensiona os fundamentos da técnica, me torna bilíngüe, o que me obriga a um ajuste interno até que a própria ação e a maior economia de minhas intervenções falem por si mesmas, criando uma experiência vivencial diferente, capaz de se antepor às "verdades" preestabelecidas, infelizmente perpetuadas num longo curso de formação em psicodrama.

Isto vale também para qualquer desdobramento cênico da dramatização, em que o que importa é a manutenção do aquecimento, em que se apela, todo tempo, para a conjugação harmônica dos iniciadores (corporais, emocionais e ideativos), em que um deles pode estar sendo privilegiado, num dado momento, apenas como via de acesso visível. Ou seja, um tipo de iniciador ser mais visível não significa que os outros dois tipos não estejam atuando simultaneamente. Sempre estão e sempre os três estão articulados à percepção, na verdade, o iniciador fundamental.

A via de acesso, por um ou por outro, é apenas a via de acesso técnica mais facilmente visualizada e manejada pelo diretor. Nada além disso.

Por uma outra maneira de olhar, a história do teatro está abarrotada de exemplos de encenações, até de uma mesma peça, em que o despojamento do cenário não só não altera o texto teatral em si mesmo, como convida o espectador a complementá-lo com a sua imaginação e participação. Ou seja, é estimulante para o seu próprio aquecimento.

É como a utilização de aspas ou reticências na literatura, criando subtextos, sentimentos subentendidos, pequenas alusões completadas pelo leitor, sem que o escritor necessite inflacionar o texto com mais palavras. Como as mais finas ironias machadianas.

Outras "verdades" psicodramáticas firmemente arraigadas no repertório teórico-técnico brasileiro envolvem questões como inversão de papéis, jogos dramáticos, re-vivência, matriz de identidade, psicodrama interno, psicoterapia da relação e efeito cacho (*clusters*), só para dar mais alguns exemplos.

Uma bela confusão tem sido estabelecida quanto à compreensão da técnica de inversão de papéis.

Tomando por base a famosa poesia de Moreno (não agüento mais repeti-la!), em que eu passo a olhar o outro com os olhos dele e o outro me olha com os meus olhos, argumenta-se que na cena psicodramática, onde este outro a que me refiro não está, de fato, presente, mas, sim, representado por um ego-auxiliar, não há ali uma "verdadeira" inversão de papéis. Neste caso, vem sendo proposta a substituição do termo *inversão de papéis* por *tomada de papel*, quando "apenas" se toma o papel do outro.

Isto virou uma "verdade" inabalável que vem sendo repetida através dos anos com a tal segurança dos iniciados.

Acontece que a expressão inversão de papéis acaba sendo empregada indiscriminadamente tanto no plano técnico quanto no filosófico e esta é a origem da confusão.

Moreno criou, desenvolveu e descreveu uma técnica psicodramática, chamada inversão de papéis, para um procedimento, na cena do psicodrama, em que o protagonista troca de lugar com um personagem qualquer, representado por um ego-auxiliar. Só isso.

Com o desenvolvimento do psicodrama, em situações de atendimento de casal, de família ou de intervenções dirigidas às pessoas reais integrantes de um grupo (intervenções sociodramáticas, por exemplo), a técnica de inversão de papéis também passou a poder ser aplicada entre estas pessoas reais e concretas, ali presentes, sem qualquer intermediação dos egos-auxiliares. Podia-se, portanto, nestes casos, inverter papel com alguém postado bem à nossa frente, cada um sendo o outro.

Ora, o conceito de encontro, peça-chave da Filosofia do Momento, de Moreno, supõe — daí o exemplo da poesia moreniana contida em *As palavras do pai*, obra considerada como um testamento poético-filosófico do criador do psicodrama — a capacidade dos envolvidos em se colocar no lugar do outro.

Em outras palavras, antes da experiência que a Filosofia do Momento chama de encontro, há uma condição imediatamente prévia a tal vivência e fazendo, portanto, parte dela ao mesmo tempo, que é a capacidade mútua de inversão daqueles papéis sociais — ver-se vendo o outro.

Isto não tem nada a ver com o batismo da técnica. É a sua extensão interpretativa posterior.

Sob o ponto de vista técnico não importa se as pessoas reais estão ou não ali presentes, se há ou não encontro. Colocar-se no lugar do outro real ou colocar-se no lugar do outro, personagem, seja através de egos-auxiliares, seja através de objetos intermediários (almofadas, ou brinquedos ou desenhos, por exemplo), é e continua sendo chamado de técnica de inversão de papéis, o nome original dado por Moreno. É mera questão espacial.

Não tem qualquer cabimento substituir seu nome por "tomada de papel" quando não cumpre um pré-requisito de ordem filosófica, a corporeidade presente para que possa se efetuar o encontro.

Se, nesta troca espacial, a percepção que o protagonista tem da pessoa real ou do personagem, cujo lugar ele toma, é boa ou ruim, é outra história que vai demandar ou não a aplicação de outros procedimentos técnicos em seu auxílio.

Comentando, em 1996, o excelente livro *O jogo no psicodrama*, de vários autores, me deparei com duas "verdades" psicodramáticas presentes com grande freqüência, entre nós, na conceituação de jogos dramáticos: o campo relaxado e a criação ligada ao lúdico.

Transcreverei aqui o meu comentário da ocasião sobre tais tópicos (excluídas aqui as muitas outras questões incluídas na resenha mencionada):

> "Apenas não resisto em fazer dois ou três comentários sobre o que me parece um certo exagero, não dos autores, aqui apenas protagonistas, mas de todo psicodramatista brasileiro.
>
> Em todo livro se insiste muito em recorrer ao conceito de campo relaxado, exacerbando a sua importância no corpo teórico do psicodrama.
>
> Além de, para mim, campo relaxado ocupar, na teoria e mesmo na prática, um lugar muito mais discreto e limitado do que em geral se alardeia, e quando se fala em jogos adquire uma dimensão de um deus de pés de

barro, muitas vezes um jogo transcorre e precisa transcorrer em campo tenso.

Um exemplo disso é facilmente verificável nos jogos de competição, listados na classificação de Rosane A. Rodrigues. Nas finais do basquete profissional americano, em 1996, Rodman, do Chicago Bulls e Kemp, do Seattle Supersonics, passaram seis jogos a cotoveladas e empurrões porque sabiam que a vitória valia um contrato de milhões de dólares para o ano seguinte.

Podemos também ver a tensão estampada nos rostos dos jogadores compulsivos de Las Vegas a Monte Carlo, contemplando a riqueza ou a ruína. O que nos faz pensar nos 'jogos perversos', categoria que falta em qualquer de nossas classificações de jogos, de que é exemplo lapidar o jogo da 'roleta russa' em que se 'brinca' com a probabilidade do suicídio, muito bem retratado no filme 'O Franco Atirador', das chagas da Guerra do Vietnã.

Uma outra questão, reforçada pela afirmação de Winnicott (muito citado ou lido pelos autores), de que 'somente' no brincar é possível ser criativo, perpassa pelo livro, como, aliás, por todo o psicodrama, a idéia da quase obrigatoriedade do lúdico como condição da criação, do jogo e do próprio psicodrama. Quase a sua essência.

Winnicott que me desculpe, mas a criação nascendo da articulação entre desejo, imaginação e fantasia, tem suas raízes em todo e qualquer sentimento humano, cuja natureza é mais abrangente que só o riso. Seria negar uma parcela vastíssima, no mínimo, de toda a literatura, música e artes plásticas.

Não haveria lugar para a criação nascida da dor, como milhares de poemas que brotaram do sofrimento, como as marchas fúnebres da música erudita, a 'Pietà', os sambas-canções dor-de-cotovelo dos anos cinqüenta, tangos e boleros, a 'Valsa da Dor de Villa-Lobos, o blues, ao mesmo tempo pai do jazz e canto de escravos oprimidos nos campos de algodão, tantos adágios, tantos Cristos crucificados nas pinturas religiosas, a morte filmada em 'Gritos e Sussurros', de Bergman.

Não haveria lugar para a exaltação divina de toda a música, pintura e esculturas sacras.

Não haveria lugar, igualmente, para a criação nascida da opressão, como o 'Germinal' de Zola, 'As Vinhas da Ira' de Steinbeck, 'O Navio Negreiro' de Castro Alves, 'O Bêbado e a Equilibrista' de João Bosco e Aldir Blanc, 'A Lista de Schindler' de Spielberg e tantas outras obras de arte inspiradas no Holocausto, os massacres napoleônicos retratados por Goya, 'Os Retirantes' de Portinari, os murais de Diego Rivera, os pogroms de Lasar Segall, 'Vida e Morte Severina' de João Cabral, as polonaises de Chopin, a Primeira Grande Guerra perpetuada por Remarque e a Civil Espanhola por Hemingway, a guerra suja argentina de 'História Oficial', numa lista interminável que vai do simples gemido à construção épica da *Sinfonia Eroica* de Beethoven.

Não há lugar para comédia sem tragédia. É tudo criação humana."[6]

A prática de dramatizações com cenas múltiplas nos levou a batizar as cenas "do passado", que surgem no cenário psicodramático, como cenas regressivas ou reversivas (estas menos utilizadas).

Ora, em 1982, Castello de Almeida já nos chamava a atenção para a inadequação do termo *cena regressiva* por entender como uso impróprio do adjetivo que tem seu significado psicanalítico bem delimitado. Igualmente, para ele, o termo *cena reversiva* sugere um retorno "ao estado primitivo sem a perspectiva de retorno ao estado atual; por significar, apenas, *devolução*"[7].

Já nesta época a sua proposta é a substituição pela expressão *cena de re-vivência*, que condensa o sentido dado por Husserl de uma "experiência vital interna, subjetiva, originada de percepções internas e/ou externas, vividas pelo sujeito"[8], o hífen reforçando "o sentido de unidade inseparável existente nos vários momentos da re-memoração de uma mesma vivência"[9] e recuperando o sentido de renovação, de viver novamente.

Uma decorrência direta desta definição de Castello de Almeida é criticar, igualmente, o que volto a fazer aqui, a utilização do termo "cena nuclear" porque tal nomenclatura "acaba dando a impressão de que na cena psicodramática, em situações de re-vivência, apenas se reproduz a cena que originou a transferência, quando, na verdade, importa menos a fidelidade da cena quanto ao cenário e personagens, do que o modo de relação entre eles clareando a trama oculta, à qual subjaz o conflito. O tempo e o *locus* 'exatos', impossível de serem garantidos pela memória, não são tão relevantes no desenho do conflito quanto a reedição (re-vivência) da emoção e do sentimento nele envolvidos"[10].

6. PERAZZO, S. Resenha do livro *O jogo no psicodrama*, de vários autores (org. Motta, J. M. C.). *Revista Brasileira de Psicodrama*, v. 4, fascículo II, 1996, pp. 127-32.
7. ALMEIDA, W. C. *Formas do encontro: psicoterapia aberta*. São Paulo, Ágora, 1988.
8. Idem, ibidem.
9. Idem, ibidem.
10. PERAZZO, S. Prefácio do livro de Cukier, R. *Sobrevivência emocional: as dores da infância revividas no drama adulto*. São Paulo, Ágora, 1998.

Esta valiosa contribuição de Castello de Almeida, infelizmente perdida no tempo e mal aproveitada no ensino de psicodrama no Brasil, nos remete a um fenômeno que dificulta a consolidação de nossas conquistas no campo da teoria do psicodrama.

Não só a Marcia Karp e o Jonathan Moreno estão desatualizados quanto à produção psicodramática brasileira.

Os nossos próprios psicodramatistas, com freqüência, têm dificuldade de pinçar, no todo daquilo que se produz, as contribuições mais profundas, capazes de transformar radicalmente conceitos cristalizados, muitas vezes supervalorizando acriticamente formulações de muito menor peso ou mesmo equivocadas, sob o ponto de vista teórico, que acabam por se tornar leis irremovíveis, fazendo escola através de várias gerações de psicodramatistas.

É inaceitável hoje, por exemplo, não incluir a categoria de papéis imaginários, tal como formulada por Naffah Neto em 1979, na classificação de papéis.

Pelo menos em alguns dos melhores cursos de formação de psicodrama se insiste na classificação original de Moreno sem a obrigatória atualização.

O que acaba acontecendo é que o aluno sempre olhará para a categoria de papéis imaginários como algo secundário e não como uma revisão obrigatória na compreensão dos processos psicodramáticos.

Igualmente fundamentais e que nenhum psicodramatista pode deixar de saber na ponta da língua, só para dar alguns exemplos mais importantes, são os conceitos de tele vinculada à co-criação, a sociometria dos vínculos e o psicodrama como Teatro Espontâneo, de Aguiar; a revisão de catarse de integração, de Albor Reñones; a distinção entre emergente ou representante grupal e protagonista, de Falivene Alves; a caracterização de trama oculta, por Volpe e por Falivene Alves; a concepção de psicodrama a partir de suas raízes, de Merengué; a retomada da Teoria da Cena, por Massaro; a substituição de papéis psicossomáticos por zonas corporais em interação, de Mezher; a reconstrução dos conceitos espontaneidade-criatividade, de Naffah Neto; o reestudo das leis sociométricas aplicadas a grupos, de Anna Maria Knobel; psicodrama e imaginação, de Camila Salles Gonçalves; uma nova perspectiva sobre a multiplicação dramática, de Pedro Mascarenhas; o Teatro Pedagógico, de Arthur Kaufman; o psicodrama como obra aberta, de Castello de Almeida; a ampliação da noção de matriz de identidade, de Domingos Junqueira de Brito. Impossível listar todos.

O grande equívoco é considerar tudo isso como psicodrama avançado e não como psicodrama básico hoje. É este erro grosseiro, comum no ensino de psicodrama, que acaba deixando de lado tais valiosíssimas contribuições que não podem, de nenhuma maneira, permanecer à sombra, relegadas a um patamar secundário.

A supervalorização do que veio a ser conhecido entre nós como Teoria da Matriz de Identidade já foi, muitas vezes, duramente criticada por mim[11].

> "Originalmente Moreno desenvolveu o conceito de matriz de identidade num capítulo de teoria do psicodrama que trata especificamente (assim, titulado) dos princípios de espontaneidade. A ponte que ele utiliza entre espontaneidade e matriz de identidade é o conceito de aquecimento. Portanto, a matriz de identidade moreniana está inserida no capítulo da teoria do psicodrama que convencionamos chamar de 'Teoria' da Espontaneidade-Criatividade.
>
> Em minha opinião, pois, não só não cabe chamar as valiosas contribuições de Fonseca, o que não foi feito por ele, de 'Teoria da Matriz de Identidade', como dar a esta 'teoria' um valor central na teoria do psicodrama, que é muito mais ampla e que exige uma melhor articulação entre as suas diversas partes.
>
> O que se esquece é que o Fonseca, em seu livro 'Psicodrama da Loucura', deu um grande passo no sentido de aclarar e ampliar o capítulo espontaneidade-criatividade da teoria do psicodrama. A quase redução da teoria do psicodrama ao universo ampliado das fases da matriz de identidade, reconstruído neste livro do Fonseca, praticada durante muitos anos e especificamente em alguns cursos de formação de psicodrama, é que, a meu ver, contribuíram para uma certa paralisação do desenvolvimento da teoria psicodramática em outras direções e articulações. Esta paralisação, felizmente, não se observa mais tão nitidamente em nossos dias, embora, de uma certa forma, ainda permaneça mais ou menos em alguns enquadramentos contemporâneos."[12]

---

11. PERAZZO, S. Moreno, D. Quixote e a Matriz de Identidade: uma análise crítica. In: Vários autores. *J. L. Moreno – o psicodramaturgo*. São Paulo, Casa do Psicólogo, 1989, cap. XIII.
12. PERAZZO, S. Resenha do livro *Psicodrama da loucura*, de Fonseca Filho, J. S. *Revista Brasileira de Psicodrama*, v. 5, nº 1, 1997, pp. 113-7.

Confesso que bem que eu gostaria de ouvir a voz tonitruante de Moreno rugir do alto de um Monte Sinai psicodramático, proclamando a seus devotos psicodramatistas pecadores: "Não citai a Matriz de Identidade em vão, pobres mortais!"[13].

Brito, ao conceituar a matriz de identidade como totalidade, nos dá, indiretamente, uma visão de sua conexão com a espontaneidade:

> "O bebê não é uma entidade psicorgânica isolada e impermeável. Ele flutua no inconsciente familiar e é sensível às alterações do clima afetivo de seu meio, sendo invadido de forma embrionária e indistinta pelo amor, pelo ódio, pelo medo e, provavelmente, pelas fantasias inconscientes dos outros em relação a ele. Acreditem: ninguém engana um bebê só por falar macio com ele e simular uma ternura que não existe. Esse truque só funciona depois que ele crescer e se transformar num idiota normal."[14]

A par desta tendência brasileira de alçar um capítulo ou subcapítulo da teoria do psicodrama, como no caso da matriz de identidade, ao *status* de seu fundamento básico e essencial, encontramos a mesma coisa ao nos depararmos com novas técnicas promovidas, não se sabe como nem por que, ao patamar de modalidades de psicodrama.

É o caso do psicodrama interno, da psicoterapia da relação e da retramatrização, na verdade, técnicas psicodramáticas entre as mais de trezentas já descritas até hoje.

O psicodrama interno, criado por Vitor Dias e Fonseca, é, inegavelmente, uma técnica engenhosa, poderosa e muito eficiente. Uma ótima alternativa.

No entanto, é preciso que se diga, o seu apoio teórico está baseado no conceito de iniciador ideativo. Ou seja, as imagens que se sucedem no "interior" do protagonista, através de sua imaginação, costurando uma cadeia associativa, têm origem num aquecimento que privilegia, como via de acesso, os iniciadores ideativos e, como tal, é um grande achado. Assemelha-se ao recurso da imaginação ativa utilizado por psicoterapeutas de outras linhas.

---

13. Aliás, outros pronunciamentos em vão, dignos de nota, e que permanecem intocáveis até hoje, são a repetição da expressão brecha entre fantasia e realidade, tratada como termo técnico inquestionável, quando brecha foi uma palavra utilizada por Moreno, nitidamente, apenas como figura de linguagem; e o termo consigna, que só existe em espanhol, significando, em português, instrução ou ordem, uma clara herança dos primeiros tempos do psicodrama brasileiro, em que os professores eram argentinos e os livros em espanhol.
14. BRITO, D. J. *Astros e ostras*. São Paulo, Ágora, 1998.

O único defeito desta técnica é o seu nome.

Primeiro, porque o nome psicodrama já lhe dá uma conotação de categoria, como se fosse um psicodrama alternativo, quase que uma outra linha, e não uma técnica.

Segundo, porque o termo interno, embora se refira a um procedimento, dá a impressão que as dramatizações do psicodrama seriam, de uma certa forma, "externas", quando sabemos muito bem que tanto a ação dramática quanto as imagens desencadeadas pelos iniciadores ideativos são, ambas, produtos da mesma imaginação.

O mesmo acontece quanto ao termo psicoterapia da relação.

Assisti, em nosso último congresso, a uma demonstração desta técnica por Fonseca, seu criador.

Confesso que fiquei encantado com a sua habilidade e com o convincente resultado. Reivindico aqui a inscrição número um no seu merecidíssimo fã-clube.

Ora, a assim dita psicoterapia da relação é puro psicodrama e só não entendo, a não ser por modéstia do próprio Fonseca, por que em sua denominação não há qualquer alusão que a ligue a uma idéia de que se trata de uma técnica psicodramática. Falta vestir a camisa.

Fundamenta-se, claramente, sob o ponto de vista técnico, no exercício das funções ego-auxiliares do diretor de psicodrama (discorri sobre este tema em meu livro *Ainda e sempre psicodrama*), em que o diretor, sem sair do seu papel, desempenha as funções de um ego-auxiliar, o que é perfeitamente legítimo.

Embora o termo *da relação* tente transmitir algo que acontece entre terapeuta e cliente referido a uma relação qualquer de onde parte o trabalho, ele é ambíguo.

Por um lado, não sendo o homem uma ilha e tendo como origem de seus conflitos e do sofrimento que deles decorrem a relação com outros seres humanos, qual psicoterapia, incluindo a psicanálise e o psicodrama, não seria no fundo uma psicoterapia da relação?

Por outro lado, de que relação? Da relação psicoterapeuta-cliente ou de relações de sua vida pessoal trazidas pelo cliente para o seu terapeuta? Ou as duas?

A retramatrização, por sua vez, criada pelo saudoso Arnaldo Liebermann, da qual também tive a oportunidade de participar com a direção do próprio Arnaldo, igualmente muito criativa, consistente e original, não passa de uma modalidade de jogo dramático.

O risco de se considerar estas três técnicas como modalidades de psicodrama, como, no caso do psicodrama interno e da psicoterapia da relação, o próprio nome sugere, é que para o aluno de psicodrama pode ficar caracterizado como alternativas fixas de prática do psicodrama.

Ora, no meu entendimento, oferecer ao aluno o maior número possível das opções técnicas do psicodrama é instrumentalizá-lo consistentemente para que ele construa o seu próprio estilo e para que configure as suas próprias preferências na utilização da técnica.

Uma coisa é o aluno agarrar-se, até por inexperiência e insegurança, a uma técnica que ele acredita ser uma modalidade de psicodrama e passar a se sentir um especialista nela, e outra coisa é o mesmo aluno, que aprendeu a manejar com segurança uma grande variedade de técnicas com a própria experiência, preferir utilizar, por exemplo, o psicodrama interno ou a psicoterapia da relação por estilo, por opção consciente ou por sentir-se mais à vontade com ela, a partir de seu próprio juízo crítico, sabendo instrumentar muito bem todas aquelas que ele deixou de usar ou usa muito pouco.

Embora seja natural que o professor tenha também suas preferências técnicas, ele não deve deixar de cuidar do treinamento de seu aluno, estimulando-o, tanto quanto possível, a uma diversificação da sua prática.

Ainda falando de sabiás e palmeiras, e voltando aos ajustes culturais e temporais de nossas formulações teóricas, quero introduzir mais uma pequena discussão.

Por mais que se tente enquadrar o ser humano em qualquer tipo de classificação de ordem psicológica, alguma coisa sempre escapa, sempre fica de fora.

Prefiro raciocinar em termos de relatividades e predominâncias, o que deixa margem não só para o leque amplo dos movimentos da criatividade, para os ajustes temporais e culturais, como também para a densidade e a complexidade da natureza humana incapazes de ser aprisionadas por qualquer nomenclatura.

Assim, falar que o bebê reconhece primeiro a mãe ou que depende dela como figura de proteção no *cluster* 1 (o da incorporação passiva) ou que se torna autônomo ou ativo a partir do modelo paterno no *cluster* 2 (o da conquista da autonomia), por exemplo, é fixar o ser humano numa gaiola desenvolvimentista inteiramente à parte das imposições da cultura e da biologia.

Não quero dizer com isso que não é pertinente tal ordem de raciocínio.

O próprio Bustos, que mais desenvolve reflexões sobre o conceito de cacho de papéis (*clusters*)[15], aliás, com seu habitual brilhantismo, é o primeiro a considerar que a figura do pai pode, às vezes, substituir a da mãe como figura dominante no estágio de incorporação passiva.

Portanto, estamos diante de funções permeadas pela cultura, que, predominantemente, podem ser exercidas por uma figura de pai, ou de mãe, ou de tia, ou de babá etc., em relação a este ser pequenino que é todo relatividades.

Biologicamente não há nenhuma razão, tendo em vista a maturação do sistema nervoso, para uma criança conhecer primeiro a mãe, se ela está imersa num ambiente em que tantas coisas e pessoas acontecem ao mesmo tempo, despertando os seus sentidos e percepções. De novo, predominâncias.

A maior constância, a maior predominância facilitam um reconhecimento A ou Z? Muito bem.

Que pensar da mãe que trabalha o dia inteiro e deixa a criança na creche? Na mulher ativa e que ganha muito mais dinheiro que o marido desempregado nesta época de globalização etc.?

Nada em relações humanas tem seu panorama fixo e imutável. Por que a visão do desenvolvimento psicológico da criança teria?

São questões para os ornitólogos e ecologistas responderem. Procurar, quem sabe, no *site* Sabiás. Ou Palmeiras.

---

15. Vale a pena ressaltar dois pontos. O primeiro é que o termo *cluster*, em inglês, por alguma misteriosa razão, nos últimos tempos, tem predominado sobre *cacho de papéis*, em português. Se ainda não houvesse um correspondente em nossa língua, seria mais fácil entender.

E segundo, que, ao ampliar o estudo de cachos de papéis, Bustos dá um passo adiante na compreensão de um conceito criado por ele mesmo, com muita propriedade, que é o de papel complementar interno patológico, uma contribuição muito interessante e elucidativa, que se articula bem às suas novas formulações.

8

MORENO E SEUS *BLUE CAPS*

Assistindo a um filme de Moreno, em que ele dirige algumas dramatizações na Escola de Educação para Moças do Estado de Nova York, em Hudson, chama a atenção o caráter meticuloso de treinamento que ele imprime a cada cena.

O cenário é o de uma casa de chá, com mesas postas e cadeiras, em todas as suas minúcias.

Duas egos-auxiliares estão vestidas como madames, de chapéus, como se usava na época, sentadas como freguesas, conversando e examinando o cardápio.

A aluna-protagonista tem no corpo uma roupa de garçonete, com uma bandeja às mãos, na qual descansa um plácido bule de chá.

Moreno faz com que ela repita o atendimento das freguesas até que ele seja satisfatório e aprovado por elas, o que provoca um sorriso de satisfação da moça em treinamento.

Evidentemente Moreno aplica a técnica de *role-playing* e o seu objetivo claro é o de treinar um papel profissional de proporções modestas.

O filme data de 1932, aproximadamente, período da Grande Depressão nos Estados Unidos, que se seguiu à quebra da Bolsa de Valores em 1929.

Falta dinheiro, emprego e a disputa por colocações seleciona os mais aptos. Maratonas de danças dão prêmios ao casal que resiste até o fim aos acordes sonolentos de uma orquestra de músicos, que não têm mais onde tocar e que precisam sobreviver a qualquer custo.

Não é mera coincidência Moreno publicar em 1934 *Who shall survive?* (*Quem sobreviverá?*), cuja tese central é a de que os criadores serão os sobreviventes.

Marineau não hesita em apontar este trabalho de Moreno com as moças de Hudson como sendo "um dos momentos mais importantes da história da psicoterapia de grupo"[1], pelo instrumental sociométrico que ele desenvolveu ali, naquela época.

Ora, Moreno dá andamento simultaneamente a vários projetos.

Em 1931, tanto dá curso às suas pesquisas sociométricas, primeiro em Sing Sing e, em 1932, em Hudson, como retoma suas experiências de Viena e cria, ainda em 1931, o teatro do improviso, como o prefere chamar Marineau, em vez de teatro da espontaneidade, baseado nas colocações de Bridge (um professor de locução e literatura inglesa no Hunter College).

As pesquisas sociométricas são consideradas como o início da psicoterapia de grupo, reconhecida, na Filadélfia, em 1932, pela Associação Psiquiátrica Americana.

1936 é o ano em que o desenvolvimento do psicodrama e da psicoterapia de grupo passa a se fazer presente, data em que Moreno obtém a permissão para abrir o Beacon Hill Sanatorium.

É ainda Marineau quem nos aponta a imprecisão do conceito de psicoterapia de grupo, que ora aparece associado à sociometria e ora ao psicodrama.

Por outro lado, a sociatria, inconstante na obra de Moreno, era oferecida como uma ciência mais ampla que a psicoterapia de grupo, por incluir uma dimensão preventiva além de só terapêutica.

Só em 1941 Moreno traduz para o inglês e publica *As palavras do pai*, ou seja, procura dar a toda esta construção "psicodramática" em solo americano uma base filosófica, na verdade, preexistente.

---

1. MARINEAU, R. F. *Jacob Levy Moreno 1889-1974: Pai do psicodrama, da sociometria e da psicoterapia de grupo*. São Paulo, Ágora, 1992.

Vamos comparar um pouco tudo isso com alguns aspectos do desenvolvimento do psicodrama no Brasil e do seu panorama recente.

Assistimos, nas décadas de 70 e de 80, a um psicodrama brasileiro predominantemente voltado para a sua dimensão psicoterápica. Primeiro na sua forma grupal e depois na sua forma também individual bipessoal.

O psicodrama dito não clínico ou aplicado que, nos primeiros tempos, era chamado de pedagógico, apesar de seus inúmeros seguidores e de uma prática intensa, acabava por não ter voz suficiente num meio nitidamente dominado pelos psiquiatras e psicólogos.

O que os próprios "donos do pedaço" talvez não se dessem conta é que, sem que fossem pedagogos, eles próprios exerciam o "tal" psicodrama pedagógico em suas aulas e supervisões de psicodrama.

Até hoje esta questão não é bem resolvida, funcionando os dois segmentos como compartimentos estanques, apesar da convivência, num mesmo curso de formação psicodramática, de profissionais oriundos de áreas de conhecimento diferentes. Não há uma delimitação muito clara que estabeleça uma fronteira precisa entre os campos de atuação específicos. Profissão ou especialidade?

A par deste estado de coisas, o crescimento do movimento psicodramático brasileiro exigiu um maior apuro teórico como uma de suas conseqüências naturais e óbvias.

Este desenvolvimento teórico, até porque a demanda de instrumentos mais sólidos para o atendimento clínico era crescente, acabou se direcionando, com o tempo, para um patamar excessivamente influenciado, do meu ponto de vista, pelos modelos teóricos da psicologia, na tentativa de buscar uma compreensão psicodinâmica e de construir uma teoria psicodramática de desenvolvimento do ser humano a qualquer custo.

À medida que isso acontecia, me parece que o psicodramatista acabava por se sentir alçado ao patamar de uma pretensa dignidade acadêmica, ao mesmo tempo que se distanciava de tudo aquilo que pudesse ser compreendido como sendo os paradigmas do psicodrama, perdendo um pouco, ou muito, de sua própria espontaneidade e criatividade.

Dramatizava-se menos, sempre da mesma forma, cada vez mais em consultórios, cada vez menos em grupos, atendendo-se cada vez mais em sessões individuais, com cada vez mais verbalização.

Chegava-se ao cúmulo de se afirmar que mais que dramatizar (a marca registrada do psicodrama), o importante era a postura(?) psicodramática, quase uma confissão de incompetência que transformava o psicodramatista profissional num "psicanalista" amador.

Não foi, portanto, sem propósito, em fins dos anos 80, que um pequeno segmento desta comunidade de psicodramatistas começou a se voltar para fora dos consultórios para realizar alguns axiodramas (na época batizados de sociodramas, dos quais, na verdade, podem ser considerados como derivados) em locais abertos ao público e anunciados previamente.

Por volta desta época ou um pouco mais tarde, já nos anos 90, o interesse pelo teatro espontâneo (teatro de improviso) começou a crescer, com o pioneirismo e a liderança de Moysés Aguiar e a Cia. de Teatro Espontâneo, por ele criada, a ponto de vários grupos começarem a se constituir e atuar nesta direção, como o Grupo Reprise, inspirado no *Playback Theater* e, mais recentemente, o Vagas Estrelas, entre outros.

Tais grupos ampliaram bastante, nestes últimos anos, sua área de atuação e influência, semeando discípulos e promovendo encontros nacionais e internacionais, vindo a se constituir num movimento novo dentro do psicodrama brasileiro e também acontecendo em diversas partes do mundo.

É de Luiz Contro a frase: "O homem moreniano faz-assim essencialmente artista. Colocar-se fora do senso comum ocasiona outras visões, permite novas significações"[2].

Ora, Aguiar nos ensina que, sendo o teatro espontâneo uma modalidade de teatro criada por Moreno, que veio dar origem ao "psicodrama", ele não se constitui como uma corrente do psicodrama, mas, sim, como sua fonte.

Insistindo na nomenclatura teatro espontâneo (de fazer espontaneamente), diferente de teatro da espontaneidade (que sugere *treina-*

2. CONTRO, L. Psicodrama e arte. *Leituras*, Extra, 1996.

mento da espontaneidade), Aguiar nos chama a atenção para a arte como base e para a dimensão estética como seu campo.

Ora, a classificação de Moreno que estamos acostumados a adotar está aderida ao seu projeto socionômico.

Este, por sua vez, desponta como uma nova sociologia, a socionomia, que trata especificamente "das leis do desenvolvimento social e das relações sociais"[3], que engloba suas "três ramificações metodológicas principais: a sociometria, a sociodinâmica e a sociatria"[4], com seus métodos específicos: o teste sociométrico (da sociometria), o *role-playing* ou interpretação de papéis (da sociodinâmica) e o psicodrama, a psicoterapia de grupo e o sociodrama (da sociatria).

Na categoria de métodos sociátricos também foram colocados, em momentos diversos, por diferentes psicodramatistas brasileiros, ora o psicodrama individual bipessoal (mais conhecido como psicodrama ou psicoterapia psicodramática bipessoal, seu nome parcial), ora o teatro espontâneo, ora o jornal vivo, ora o axiodrama.

Também se considerava o teatro espontâneo e o jornal vivo não como métodos sociátricos, mas como métodos sociodinâmicos porque envolvem basicamente a interpretação de papéis.

Ora, na verdade, estávamos diante de uma tarefa um tanto esquerda, que era a de ajustar uma longa prática psicodramática, muito bem dominada pelos psicodramatistas brasileiros, a uma classificação condizente com o projeto socionômico de Moreno que, de repente, nos caía de pára-quedas na cena espontânea, a nos exigir cientistas.

Um pouco como aquelas pessoas que nunca falaram palavrão e que quando resolvem dizer merda parecem que estão com um ovo quente inteiro na boca.

Assim como o Moreno dos anos 30, que se desdobrava em múltiplos papéis, do sociômetra ao diretor do teatro de improviso, do escritor e pesquisador ao criador do psicodrama e da psicoterapia de grupo, todos nós também experimentávamos, ao mesmo tempo, as mais variadas dimensões do papel de psicodramatista.

---

3. NAFFAH NETO, A. *Psicodrama: descolonizando o imaginário*. São Paulo, Brasiliense, 1979.
4. Idem, ibidem.

No entanto, neste afã de tudo integrar e de tudo isso digerir rapidamente, ficava difícil perceber que nos colocávamos diante de um estranho paradoxo.

Moreno começou com o teatro da espontaneidade (teatro espontâneo, teatro do improviso) e só muito depois se preocupou em dar *status* de ciência às suas aplicações.

Em seu início, no Brasil, pelo menos para a maioria dos primeiros psicodramatistas, o psicodrama já entrou pela via de um método novo de psicoterapia de grupo. Ou seja, justamente o contrário. É como se através da ciência fosse possível adicionar a ela uma dimensão estética até aqui totalmente desconhecida e insuspeitada.

Por outro lado, numa época de forte repressão política, o psicodrama oferecia um discurso socionômico (uma nova sociologia) que caía como uma luva para quem aspirava falar sociologuês e não era do ramo. Funcionava, numa certa medida, como um aplacador de consciências que, como todo tampão, carecia de uma vertente crítica mais aprofundada.

Não é sem propósito, portanto, que o movimento crescente e recente do teatro espontâneo fosse visto como algo que atravessasse a ciência ou fosse desvinculado de qualquer atitude psicoterápica mais conseqüente. Uma espécie de antipsicodrama no sentido de antipsicologia ou antipsicoterapia.

No outro extremo, alguns filhotes espúrios do teatro espontâneo, com seus conceitos mal assimilados, representavam, na verdade, não uma atitude crítica consciente, mas um refúgio fácil da insuficiência teórica e técnica não sanada em cursos de psicodrama deficientes porque pouco abrangentes.

É como se, de um lado, fosse dito: "Quem faz teatro espontâneo não está fazendo terapia, e muito menos psicodrama, embora ache que está fazendo".

E do outro: "Só a espontaneidade cura, o que dispensa qualquer teoria e qualquer dramatização mais pesada partindo das transferências".

Um duplo equívoco à beira de cristalizar-se em miríades de dublês de Moreno, cada um reivindicando para si mesmo a sua exclusiva autenticidade.

Uma espécie de "Moreno e seus *Blue Caps*", à imagem e semelhança dos tempos da Jovem Guarda, que abrigava clones nacionais dos *Beatles* ou dos *Rolling Stones*, cada um à sua feição, tanto nas roupinhas extravagantes quanto nos falsetes vocais.

Quem veio substituir, em nosso socorro, os bonezinhos roqueiros pelas boinas azuis de uma força de paz de uma ONU psicodramática foi, de novo, o Moysés Aguiar.

Em seu último livro, *Teatro espontâneo e psicodrama*, Aguiar primeiramente, nos apresenta um diagrama que tem no topo o Teatro Espontâneo, que se subdivide em Psicodrama; Sociodrama, com seu derivado, Axiodrama; e Teatro Espontâneo.

O que isto significa?

Significa uma derivação de métodos e modalidades.

Significa considerar o Teatro Espontâneo como uma modalidade de teatro criada por Moreno e que pode ser aplicado de diferentes maneiras.

Uma delas, o psicodrama, inclui qualquer de suas formas, até psicoterapia de grupo ou individual bipessoal, *role-playing*, psicodrama público etc.

A segunda, o sociodrama e o seu derivado, o axiodrama (quando a presença da comunidade se dá por amostragem).

E a terceira, também chamada de teatro espontâneo, é caracterizada como "uma alternativa de produção cultural"[5], sendo a única modalidade de teatro espontâneo não aplicada.

Algumas das conseqüências desta classificação são bastante nítidas.

Sob o ponto de vista do aprendizado e do treinamento, o teatro espontâneo, como criação primeira de Moreno, seria suficiente para dar subsídios para qualquer de suas aplicações, inclusive a psicoterapia psicodramática em suas diversas formas. Por isso a Cia. de Teatro Espontâneo, por uma questão de coerência, tem este nome e por isso é possível se propor a ensinar teatro espontâneo como a matéria em si mesma.

O teatro espontâneo (o nome coincide), como uma de suas formas, não teria qualquer compromisso com suas demais aplicações. Aqui ele seria apenas uma forma de teatro, sem outras finalidades.

---

5. AGUIAR, M. *Teatro espontâneo e psicodrama*. São Paulo, Ágora, 1998.

Agora podemos entender por que Aguiar não considera o teatro espontâneo como uma corrente do psicodrama, mas a sua origem sempre presente.

Podemos compreender também por que algumas encenações do teatro espontâneo, quando ele não é aplicado, não nos parecem terapêuticas como finalidade. Logicamente, apenas não se propõem a isso e, portanto, não podem ser interpretadas pelo viés daquilo a que não se propõem.

Esta classificação de Aguiar pode ser vista como uma alternativa à classificação da socionomia e de seus ramos?

Embora pareçam coincidentes em alguns pontos, não significam exatamente a mesma coisa só porque se referem a métodos.

Merengué afirma que "... toda teoria socionômica é voltada, em última análise, para uma inevitável práxis, seja ela um Psicodrama, um Sociodrama, um *Role-Playing*, um Teste Sociométrico. Seria demais utilizá-la para compreender outros fenômenos que não aqueles que sofrem a intervenção do psicodramatista como diretor? O psicodramatista pode, utilizando as ferramentas teóricas disponíveis, refletir sobre determinado tema?"[6].

Será que poderíamos fazer a mesma afirmação, *mutatis mutandi*, e as mesmas perguntas, trocando a expressão *teoria socionômica* por *teatro espontâneo*?

Não há qualquer indício de que Aguiar tenha alguma preocupação com o projeto socionômico de Moreno em sua classificação. Ela reflete apenas uma outra esfera metodológica, que tem por base o teatro espontâneo.

Aliás, Aguiar leva tal visão às últimas conseqüências, batizando sua prática de teatro espontâneo e intitulando-se diretor de teatro espontâneo, da mesma forma que Mezher denomina a prática psicodramática de prática socionômica e os psicodramatistas de socionomistas.

Uma conseqüência lógica desta posição é deduzir que Aguiar só chamaria de psicodramatista aquele diretor de teatro espontâneo que

---

6. MERENGUÉ, D. Turistas, viajantes e desterrados: mapas provisórios para uma incursão psicodramática. "Escritos Psicodramáticos", 11º Congresso Brasileiro de Psicodrama, Campos do Jordão, 1998, ainda não publicado.

estivesse aplicando o teatro espontâneo como psicodrama; e Mezher só consideraria psicodramatista aquele socionomista que estivesse utilizando o psicodrama como método sociátrico.

Ambos são perfeitamente coerentes, porém, reafirmo a crítica que fiz no Capítulo 6, *A Rosa do Morumbi*, em que levo em conta a universalidade estabelecida do termo psicodrama, mesmo considerando que as posições dos dois brilhantes "psicodramatistas" já tenham feito escola entre seus discípulos.

O principal defeito da aplicação ao pé da letra da classificação "socionômica", repito, é o seu ranço acadêmico, porque tudo quer explicar pela visão da ciência, como se pinçasse apenas parte do Moreno dos anos 30, um Moreno já em andamento, um Moreno que chega a contar os socos de Joe Louis no seu treinamento, para prever, "cientificamente", o vencedor de uma luta de boxe de campeão, como nos relata Marineau.

Entre estas duas posições não há perdedores nem ganhadores, só produtivas reflexões.

Sob um ponto de vista "socionômico", o que aconteceu até fins dos anos 80 é que nos ocupamos em desenvolver mais os métodos sociátricos que chamamos de psicodrama, sociodrama e psicoterapia de grupo, em detrimento do teatro espontâneo, que vem sendo recuperado mais fortemente nos anos 90.

Não há por que entender uma coisa excluindo a outra, em posições sectárias marcadas pelas cores bairristas de seus bonés, mas nos ajudando, num ponto futuro, a somar suas melhores contribuições e rejeitar o que nos pareça deslocado e desnecessário nesta busca incessante de harmonização entre ciência e arte.

Terceira Parte

CO-CRIAÇÃO E MOVIMENTO

9

PILOTANDO UM RECÉM-NASCIDO

Pelos idos dos anos 70, eu dirigia um grupo de *role-playing* (treinamento de papel) para médicos residentes em psiquiatria num grande hospital de São Paulo, quando me foi pedido que eu fizesse o mesmo com os residentes de ginecologia e obstetrícia.

Na primeira sessão deste grupo comecei a pesquisar com cada um de seus integrantes as origens do papel profissional que tinham escolhido e que estavam desenvolvendo na residência médica.

Um dos residentes deu o seguinte depoimento:

"Na verdade eu sempre quis ser piloto de avião. Sempre sonhei com isso. Acabei desistindo por várias razões, me engajei na medicina e acabei gostando e escolhendo a ginecologia e obstetrícia como especialidade. Mas, é engraçado, já que estou falando nisso, eu não resisto, toda vez que estou me preparando no centro cirúrgico, a segurar a roda da autoclave, enquanto espero a hora da cirurgia, e imaginar que estou com o manche de um avião nas mãos. Chego mesmo a fantasiar a mesma coisa quando estou aplicando um fórceps na cabeça de algum bebê que está nascendo. Parece que estou voando."

"E você", perguntei, "indica muito fórceps?"

E ele espantado: "É... indico!"

Este pequeno exemplo aponta para o óbvio. É impossível desempenhar qualquer atividade humana sem o viés da nossa subjetividade.

Em outra ocasião, trabalhando com um grupo de médicos intensivistas, a situação que se colocava era a da montagem de uma unidade de terapia intensiva num hospital em que toda a equipe tinha sido convidada a opinar.

Na cena psicodramática, cada um deles foi montando a unidade de terapia intensiva ideal.

Entre outras coisas, começaram a construir, em cena, o quarto do plantonista que tinha desde uma poltrona confortável, uma pequena biblioteca e escrivaninha e até uma TV em cores e geladeira.

Quando um deles, em cena, toma o papel da enfermeira que supervisiona a unidade onde estão os pacientes monitorados, deixa escapar num solilóquio: "Enquanto estes médicos cretinos estão lá dentro no maior conforto vendo televisão, eu não tenho para mim nem sequer uma cadeira para sentar nas minhas doze horas de plantão".

Um outro integrante do grupo, passando a fazer o papel de um dos pacientes, que se encontra em estado grave, porém consciente, diz: "Estou aqui imobilizado e quase caindo no chão porque morro de curiosidade e angústia, tentando ler a papeleta que os médicos penduraram aos pés da cama. Quero saber o que tenho e a gravidade do meu estado".

Este procedimento técnico do psicodrama, que é a inversão de papéis, permitiu, neste caso, que o conceito de conforto fosse aplicado para toda a equipe e para os pacientes, convertendo-se em procedimentos de rotina como, por exemplo, guardar as papeletas em outro lugar que não fosse a própria cama dos pacientes.

Juntando tais exemplos, nossas reflexões se voltam obrigatoriamente para a dimensão individual e a dimensão coletiva da vida relacional, da vida em grupo.

Diante da impossibilidade de se ver o outro como ele é, em sua totalidade, se coloca a questão de, pelo menos, podermos ver um ao outro, como estamos sendo, naquele momento, com e apesar de nossas subjetividades.

Não existe, em se tratando de relações humanas, qualquer possibilidade de distanciamento suficientemente objetivo que configure uma "assepsia" relacional capaz de colocar o outro no microscópio de nossa observação, sem que se anteponha à nossa visão ou não visão fragmentos de nossa própria história se misturando com a história do outro. Isto é verdade também, é claro, para a relação paciente-terapeuta ou professor-aluno. Qualquer relação. Sempre.

A possibilidade de estar vendo o outro como ele está sendo na relação conosco e a nós mesmos interagindo com ele é o que permite a reformulação constante, que configura um processo co-criativo, o único capaz de promover transformações e crescimento.

Os vínculos se estabelecem, se mantêm ou se desfazem, segundo um critério sociométrico de escolha, mediado por um perceptual mútuo, através de papéis sociais, construindo, neste campo de forças, um projeto comum que, em psicodrama, chamamos de projeto dramático.

Em outras palavras, qualquer movimento existencial, qualquer ato da existência que envolve pessoas exige, para a sua realização, um esforço que só pode ser mobilizado se os sujeitos envolvidos se escolhem mutuamente para aquele empreendimento.

Esta vinculação supõe uma complementaridade de papéis sociais, caso contrário, o projeto dramático em questão não pode ser levado adiante.

Assim, por exemplo, para que um casamento aconteça, é necessário que alguém se disponha ao papel social de marido e alguém ao papel social de mulher (esposa) e que ambos se escolham mutuamente para este critério sociométrico de escolha, ou seja, para o casamento em jogo.

Para que este casamento tenha a fluidez necessária para ser bem-sucedido, não só a mutualidade de escolha tem que ser obrigatória, como também a percepção que um tem do outro, nesta escolha, tem que ser clara o suficiente para que a reciprocidade se construa e se mantenha.

Mais ainda, como estes critérios de escolha estão sempre em constante movimento, o canal perceptivo precisa se manter permeável e sempre reatualizado para que as condições de mutualidade do vínculo possam ser explícita ou implicitamente reafirmadas. O que explica, por exemplo, as crises, as paralisações e os crescimentos que ocorrem em qualquer relação.

Portanto, não só isso nos dá uma visão dinâmica de qualquer vínculo, e isto vale para qualquer experiência vincular, como explica por que a sua saúde depende sempre de um esforço co-criativo, sem o qual o resultado será a imobilidade e a deterioração relacional, com suas conseqüências óbvias.

Ora, como ninguém é de ferro diante dessa perfeição relacional desejável e utópica, os escorregões perceptuais capazes de distorcer o vínculo são mais a regra que a exceção.

Em geral, nossas emoções e sensações se dirigem, com uma certa freqüência, interna e inconscientemente, a vínculos residuais que, de alguma maneira, cunharam um determinado padrão relacional, um modelo transferencial, portanto, que extrapola aquela complementaridade residual para outros vínculos, em outros papéis sociais do presente, ou seja, atuais.

Por exemplo, um sujeito que tenha sido ou que tenha se sentido rejeitado pelo pai e que leva para a vida sentimento equivalente para outros vínculos, em que os papéis sociais complementares são outros. Por exemplo, papéis sociais de patrão-empregado, paciente-terapeuta, marido-mulher etc.

A correção de rota de tais distorções nem sempre é possível, mesmo porque tais congestionamentos vinculares não chegam, em grande parte das vezes, a ser percebidos como algo extrínseco à relação em si mesma.

Essa forma, até certo ponto, atabalhoada de se vincular é, na verdade, o habitual do ser humano, que tem como diretriz básica do seu comportamento a busca do entendimento a partir de seus desencontros.

Se isto acontece na relação dual, em que as possibilidades de distorção transferencial embaçando o perceptual dos sujeitos envolvidos no vínculo e atravessando as escolhas para determinados critérios sociométricos e para a execução de um projeto dramático são infinitas em suas possíveis tonalidades, o que dirá num grupo, em que tais possibilidades se multiplicam tantas vezes quantos são os integrantes desse grupo, numa análise combinatória complexa e potencializada de mapeamento dos desencontros possíveis e prováveis?

Imaginem um grupo numa instituição. A relação de cada um com a instituição, na prática, é a relação de cada um com cada membro dessa instituição, através da complementaridade específica dos papéis sociais existentes e desempenhados na dada instituição e sujeitos a uma distribuição de poder desigual, do qual cada um tem uma parcela que lhe é própria e, às vezes, cumulativa.

É fácil perceber que nesse emaranhado de vínculos que constituem em si mesmos a rede sociométrica dessa instituição, as mutualidades e as incongruências, em mutação constante, representam o pano de fundo da permanência ou não permanência de seus membros intramuros de tal instituição, na dependência de um projeto dramático comum que, em si mesmo, constitui a sua própria razão de existência.

Assim, se um hospital existe para atender doentes, os diversos profissionais que dele participam nesse dia-a-dia têm que se encaixar neste projeto dramático comum adequando suas funções à finalidade institucional. Do mais humilde servente ao diretor do hospital.

A par da dimensão coletiva desse projeto dramático, subjaz o desdobramento da dimensão individual de seus integrantes e o próprio escalonamento de valores dessa mesma dimensão coletiva.

Dessa maneira, um médico pode escolher uma determinada instituição porque ali ele poderá tratar de doentes e, assim, se encaixará na dimensão coletiva do projeto dramático em questão, ou seja, atender doentes.

No entanto, ele também poderá escolher tal instituição porque, por exemplo, nela o pagamento de seu trabalho é melhor, ou porque foi o único trabalho que conseguiu numa época de crise econômica, ou porque é o local de trabalho mais próximo à sua casa, ou porque, apesar de oferecer uma remuneração baixa, o hospital lhe oferece boas condições de pesquisa ou de aprendizado, ou porque poderá ser um trampolim para uma maior notoriedade ou para aumentar o movimento do seu consultório particular, e assim por diante, em possibilidades incalculáveis.

Dá para imaginar o que é isto multiplicado por tantas pessoas quantas existem na instituição e por tantas funções quanto papéis profissionais ela abriga, nesta gama interminável de motivos e de para-motivos?

Quanto ao escalonamento de valores da dimensão coletiva deste mesmo projeto dramático, podemos dizer algo semelhante.

Se o hospital se constitui basicamente como uma instituição de ensino, se sua filosofia é predominantemente preventiva sobre a curativa, se dirige o seu atendimento para uma população carente ou para situações de emergência, se visa lucro etc. etc., cada uma destas possibilidades ou qualquer combinação delas virá ao encontro ou se chocará com a dimensão individual deste mesmo projeto, acalentada no íntimo de cada um de seus funcionários, a viverem o conflito entre seus ideais e seus interesses mais escusos, conflitos pessoais, num caldo de cultura a que se acrescenta o inconsciente, configurando outras possíveis situações conflitivas.

Estas novas situações conflitivas entre o sujeito e a instituição acabarão por ser reveladas, por sua vez, entre aqueles que, no momento, possam representar o canal mais propício para a sua expressão.

Por exemplo, no caso do hospital em questão, o médico que escolhe aquele local de trabalho para desenvolver uma pesquisa sofisticada na sua especialidade e que esbarra em um administrador que decide fazer o enxugamento de despesas que resulta, indiretamente, num empobrecimento de recursos com conseqüências diretas na pesquisa do referido médico.

O resultado pode ser o médico brigar com o administrador ou com o chefe do seu departamento, ou com o diretor do hospital, ou diminuir seu interesse em atender doentes tornando-se menos eficiente, ou pedir demissão do hospital, ou sabotar politicamente a direção da instituição aliando-se a outros funcionários etc. etc.

Para complicar um pouco, suponhamos que este médico já viva um conflito pessoal anterior ao seu choque com a instituição. Digamos, por exemplo, que sua escolha profissional tenha tido por base motivos inconscientes, como, entre outras coisas, o fato de jamais ter ousado enfrentar um pai autoritário, tendo como resultado uma atitude recalcada de submissão, presente em seu modo de relação em seus diversos papéis sociais, levando-o a escolher o caminho que "esperavam" que ele seguisse, a medicina.

A medida de restrição de despesas decidida pelo administrador seria, mais uma vez, a imposição autoritária deste pai interno, vínculo residual, a deflagrar uma resposta desproporcional à causa, levando-o a agir impulsivamente com conseqüências prejudiciais para a sua própria vida e com repercussões evidentes na dinâmica da instituição.

Sem perder a visão integrada e articulada de todas estas possibilidades de ocorrências entre a dimensão individual e a dimensão coletiva de um mesmo projeto dramático que norteia e que caracteriza uma dada instituição, vamos supor que esta instituição esteja ligada de alguma forma ao atendimento e ao restabelecimento, em qualquer nível, da saúde mental de seus usuários.

Além de tudo o que foi descrito até aqui, que variáveis mais importantes poderíamos acrescentar às suas possibilidades dinâmicas?

No plano da dimensão individual, de cara nos defrontamos com a ameaça que representa para qualquer profissional desta área, seja o psicólogo, o psiquiatra, o enfermeiro, o atendente, o terapeuta ocupacional, o psicopedagogo etc., trabalhar com conteúdos comuns aos da própria psique, num limiar entre sanidade e loucura.

Do lado de cá estão, pretensamente, os "sadios" que, teoricamente, vão tratar aqueles que estão do outro lado, isto é, os "loucos".

No entanto, as coisas que eu vejo este outro sentir ou passar, estão muito próximas daquilo que eu mesmo sinto e passo. O *quantum* de angústia que me assalta extravasa em minha conduta pessoal e repercute também na dinâmica institucional, porque a minha conduta pessoal se expressa também nos vínculos que estabeleço com os outros membros da instituição, através da complementaridade de papéis sociais específicos.

Deste modo, estou a descoberto diante de minhas cenas temidas que aquele "louco" me revela e que evito mexer ou tento resolver tentando resolver o "problema do outro", na verdade algum aspecto do "meu problema". E é assim o tempo todo. Consciente ou inconscientemente.

Por sua vez, a instituição, com as características deste exemplo, traça uma política mais ou menos restritiva de seus pacientes, quer reafirmando uma segregação cultural, quer se rebelando contra ela, criando novas possibilidades de integração social.

Nada disso se faz sem novos conflitos e sem novos embates.

Supondo que a instituição seja uma instituição voltada para o atendimento e desenvolvimento de crianças autistas[1], composta de profissionais de diversas áreas e tendo na administração os pais destas mesmas crianças, dá para imaginar as possibilidades intercruzadas dos encontros e desencontros vinculares decorrentes da dimensão individual e da dimensão coletiva de um mesmo projeto dramático inserido em tal rede sociométrica?

Moreno, o criador do psicodrama, defendia a idéia do psicodrama *in situ*, ou seja, indo ao local onde era necessário.

Antes mesmo de criá-lo, Moreno participou, em Viena, de um trabalho com prostitutas em seus próprios bordéis, ajudando-as a criar uma associação que melhorasse suas condições de vida.

Um pouco mais tarde, durante a Primeira Guerra Mundial, num campo de refugiados tiroleses, esboçou os primeiros passos do que seria, mais tarde, a sociometria e o método sociodramático, ao ajudá-los a se reagruparem, a partir de suas mutualidades de escolha, para as tarefas mais elementares que os auxiliassem na melhoria das condições de vida e diminuição das tensões entre eles.

Mais adiante, no fim dos anos 20, iniciou, já nos Estados Unidos, a construção sistemática do que veio a chamar Sociometria e desenvolveu técnicas de um método, a que chamou de sociodrama, ao trabalhar com prisioneiros em Sing Sing e com jovens da Escola de Educação para Moças do Estado de Nova York, em Hudson.

São estas primeiras experiências pioneiras de Moreno que resultaram no trabalho sociodramático que os psicodramatistas realizam hoje e que tratam diretamente as relações interpessoais presentes num determinado grupo, diferentemente da psicoterapia de grupo.

Qual a diferença?

Enquanto a psicoterapia de grupo, e, mais especificamente, a psicoterapia psicodramática de grupo, se propõe, como proposta geral, partir de qualquer distorção vincular e de suas conseqüências, ou seja, de qualquer papel social, mergulhando em todas as articulações possíveis do psiquismo, com retorno ao sujeito e ao grupo, o sociodrama se ocupa apenas dos papéis sociais em questão naquele grupo especí-

---

1. Este trabalho foi inspirado numa intervenção sociodramática com profissionais da Associação de Incentivo ao Núcleo de Trabalhos Especiais (Adiante), que é uma instituição com as características descritas neste parágrafo.

fico, com as pessoas reais que ali estão presentes e com a vinculação entre elas, não se propondo a um trabalho verticalizado dirigido aos vínculos residuais envolvidos nas articulações transferenciais.

Em outras palavras, a psicoterapia psicodramática de grupo é terapêutica em sua finalidade e o sociodrama é terapêutico, no plano individual, como uma decorrência secundária, embora visando à saúde do grupo.

De qualquer forma, o estabelecimento dessa diferença vem de encontro à necessidade de explicitar algumas características de um método que serve, justamente, em se tratando de um grupo institucional, para elucidar e ajudar a resolver as tensões decorrentes da dimensão individual e da dimensão coletiva de um mesmo projeto dramático, subjacentes à ideologia e à prática de uma instituição.

Suas particularidades teóricas e técnicas se ajustam ao todo articulado da teoria e da prática do psicodrama.

Quero concluir este capítulo me perguntando, mais uma vez, como fiz, tantas vezes nestes muitos anos em que trabalho como psicodramatista, se diante de tantas possibilidades e de tantas variáveis, não seria melhor me recolher humildemente à minha insignificância, sair de mansinho pela porta dos fundos desta velha profissão e me contentar em pilotar recém-nascidos?

Seria uma pena. Apesar das limitações humanas, de minhas limitações e das limitações de qualquer método, eu não teria saboreado nem participado dos belos resultados.

10

A REPARTIÇÃO DO ENCOURADO

"E eu com isso?" Esta poderia ser muito bem a frase acabada e mal-humorada de Jesus, se ele tivesse recusado a Maria o pedido implícito de dar um jeito na falta de vinho daquele casamento em Canaã.

No entanto, ele se dispôs ao milagre descrito nas páginas do Novo Testamento. O seu primeiro milagre estando, portanto, não a serviço de um capricho arrogante, mas de um desejo claro de não deixar interrompido o clima de compartilhamento da alegria de uma festa, que o próprio vinho catalisa e simboliza. Uma escolha de um deus, a água em vinho, e não uma recusa da celebração de um contentamento.

Carlos Heitor Cony, num conto disperso no tempo mas não na memória, cria um personagem que vê como seu melhor amigo um velho companheiro que está sempre presente em todas as desgraças. É o primeiro a chegar nas doenças, antes mesmo do período de incubação da mais reles bactéria. Ao menor sinal de febre, corre em busca do médico da família. É quem escolhe o caixão do morto e quem lava e veste o defunto com o seu melhor terno. É a sentinela pontual e insone de todos os velórios. Antecipa-se ao próprio delegado ou ao corpo de bombeiros. Substitui a ambulância em presteza e velocidade.

Porém, há sempre um porém, é com chocada e escarrada clarividência que o personagem percebe que este "melhor amigo" é o grande ausente de todos os aniversários, casamentos e batizados. Por tratar-se de pessoa incapaz de compartilhar a alegria, conclui não ser amizade o seu aparente desvelo e a sua exagerada e seletiva dedicação. Se "amigo é para essas coisas", amigo tem que ser, obrigatoriamente, também para essas "outras" coisas.

A permeabilidade a todo e qualquer sentimento, sensação e emoção humanos é o que dá o tom que estrutura a qualidade daquilo que chamamos compartilhar. Estes sentimentos, sensações e emoções existem dentro de nós como partículas sólidas que se deslocam num meio aquoso, desde o seu aparente repouso no fundo, à sua emergência brusca na superfície e, entre estes dois extremos, todas as suas infinitas possibilidades de movimento. É a sua universalidade que torna capaz a sua mobilização pelo toque do outro, como se com suas mãos mergulhasse os dedos no fundo de nossa alma e a agitasse por dentro.

O psicodrama é, em toda a sua dimensão e extensão, antes de tudo, um estado permanente de compartilhamento, porque em sua própria concepção incorporou indelevelmente esta característica existencial do ser-em-relação, tanto como meio, quanto como finalidade. E se o compartilhar é tal forma intensa de remexer mutuamente o que de mais raso ou mais fundo houver dentro de cada um de nós, o que é próprio de qualquer inter-relação, mesmo que em supostas possibilidades, o psicodrama só pode ser concebido como um permanente movimento que compõe o próprio ser e sentido da existência. Daí a interpenetração de tudo aquilo que, ocorrendo entre, pelo menos, dois sujeitos, possa ser compreendido como co-consciente e co-inconsciente.

O psicodrama, pois, supõe compartilhar.

Compartilhar supõe um movimento interpenetrante entre seres humanos que se configura como o fluir possível, em cada momento, de um conjunto de sensações, emoções e sentimentos, nomeados ou não, gravados de alguma forma corporalmente, claramente visíveis ou não, simbolizados pela palavra ou pela expressão gestual ou não, decodificados pela percepção distorcida ou não pela transferência, resultado de uma simultaneidade de construção co-criativa, co-consciente e co-inconsciente.

O psicodrama é, portanto, através desta sua via de compartilhamento, mais que um detalhe, a sua própria essência, a expressão plena deste amplo movimento relacional, incapaz de ser limitado porque engloba todas as possibilidades de existir enquanto sendo-como-outro.

Em vista disso, é necessário que, como psicodramatistas, possamos distinguir a etapa formal de compartilhamento, que ocorre após a etapa da dramatização, do estado permanente de compartilhamento, presente em toda a extensão e percurso de toda e qualquer vivência psicodramática, em todas as suas etapas. Não importa se sessão ou ato. Não importa se o método é um sociodrama, um psicodrama, ou, se quiserem, um psico-sociodrama, um axiodrama, um grupo de *role-playing*, um jornal vivo, um teatro espontâneo etc. etc. Algum nível de compartilhamento sempre há.

Analisemos, sob este ponto de vista, o que acontece em cada etapa de uma sessão de psicodrama.

A etapa de aquecimento inespecífico é aquela em que se configura o clima protagônico, tomando aqui como exemplo uma sessão de grupo de psicodrama. É nela que surge o emergente grupal que se tornará protagonista, uma vez que o seu percurso de herói se desvela na ação, já que seu Drama privado aglutina os Dramas privados dos demais membros do grupo, partes indissociadas de um mesmo Drama coletivo grupal.

Para que este emergente grupal apareça como tal, é imperativo que um certo grau de compartilhamento explicitado verbalmente ou inferido pelo consentimento, mesmo que implícito, ou pela emoção, sinalize a configuração de um clima protagônico. Aquilo que é explicitado faz parte do co-consciente do grupo, sendo, portanto, a expressão manifesta de um Drama coletivo, ou, se assim o preferirem, da dinâmica grupal.

Por outro lado, as emoções, os sentimentos, a exteriorização das sensações ou o seu contrário, ou seja, a não-visibilidade deles, enfim, este conjunto, é a expressão latente, co-inconsciente deste mesmo Drama coletivo, que se revelará na ação dramática, através do protagonista, pelo desvendamento da trama oculta do seu Drama privado.

O compartilhamento, nesta etapa, se faz, pois, em dois níveis: um nível co-consciente, aqui por seu conteúdo manifesto e um nível co-inconsciente, apenas inferido, sem que haja uma explicitação do conteúdo latente, a trama oculta. É este jogo de forças o processo co-criativo capaz de construir o caminho para a dramatização num mesmo projeto dramático, do qual também participam o diretor e os egos-auxiliares com suas subjetividades, tanto co-conscientemente quanto co-inconscientemente.

A etapa de aquecimento específico, assim visualizada, é como uma suspensão coletiva de subjetividades ancorada implícita e explicitamente em torno deste emergente ou representante grupal, que se condensa como uma força capaz de lançá-lo de cabeça na etapa seguinte, com sua máscara arrancada, aglutinando os interesses latentes que o elevarão à condição de herói-protagonista. O compartilhamento aqui é o próprio acordo, do qual este representante grupal e o próprio diretor e egos-auxiliares também participam, como se todos se dessem as mãos fortemente antes do mergulho conjunto em abismos desconhecidos. Este aquecimento compartilhado é, conseqüentemente, um aquecimento grupal, cuja via co-consciente e, mais ainda, co-inconsciente se pavimenta através deste representante do grupo.

A dramatização escancara de vez este acordo, mais implícito do que explícito, com a explicitação psicodramática da trama oculta. Ou seja, as razões manifestas e co-conscientes cedem lugar em importância às razões latentes e co-inconscientes que a ação dramática revela através daquele representante grupal que, por isso mesmo, se torna protagonista, indo buscar por si próprio e por cada um, inclusive pelo diretor e pelos egos-auxiliares, o sentido trágico da trama oculta de seu Drama privado, mesmo se pelo caminho da comédia. Consagrado assim como protagonista, é como se ele puxasse do fundo do co-inconsciente grupal, enquanto trilhasse o seu percurso de herói, os Dramas privados de cada um, aderidos ao seu próprio Drama privado. O compartilhamento do grupo é intenso e profundo neste momento de interação.

Se, por um lado, o grupo empresta a sua força ao protagonista, seja como platéia atenta e solidária, seja como egos-auxiliares na ação dramática, isto é feito como um motor de arranque. É como se o grupo emprestasse ao protagonista um guindaste, por ele construído, para resgatar um navio afundado, porque todos estão interessados no tesouro e o dividirão entre si. Sozinho o protagonista não terá forças para isso.

Naturalmente, e aqui faço o destaque, o diretor e os egos-auxiliares profissionais igualmente emprestam sua força porque co-consciente e co-inconscientemente têm os mesmos interesses dos demais integrantes do grupo, apesar de suas funções especializadas.

Por tudo isso, parece surpreendente como o protagonista faz emergir, aparentemente sozinho, com relativa facilidade, o navio fantasma do seu próprio naufrágio e de como, aderidos a ele, como que imantados, vêm à tona os espectros de todas as nossas dores naufragadas. As tramas ocultas dos Dramas privados de cada um se misturam e se esclarecem num mesmo Drama coletivo. Aquilo que até então era co-inconsciente se torna co-consciente, mesmo que não verbalizado para todos, inclusive para o diretor e para os egos-auxiliares. A tragédia se consuma através do protagonista, mesmo, repito, se pela via da comédia, porque o conflito humano diante do destino conservado que os deuses nos apontam nos faz rebeldes, ainda através do protagonista, na decisão de transformá-lo.

É neste ponto que o grupo empresta mais força ainda ao protagonista para, por todos nós, reescrever heroicamente a sua história, contrariando a ordem dos deuses. Desta forma, também estaremos nos libertando e construindo um *status nascendi* novo de uma forma de viver, a partir de novas inscrições, registros, de modos relacionais. Um novo existir consigo mesmo, a partir de uma nova maneira de existir-com-os-outros. Só assim o representante grupal pode ser o nosso protagonista, porque investido de força e de poder por este intenso compartilhamento, enfim tornado plenamente co-consciente, pela emergência de tudo aquilo que até há pouco tempo era co-inconsciente. Esta é a razão pela qual todo este processo é e não pode deixar de ser uma co-criação, uma co-produção, uma co-protagonização.

A etapa formal de compartilhamento nada mais é que a conseqüência explicitada em emoções e/ou palavras de todo este percurso psicodramático. O resultado natural de um processo comum.

Por esta razão, não cabe chamar a etapa de compartilhamento de etapa de comentários. O forte modelo que herdamos da psicanálise nos leva, quase instintivamente, ao movimento de analisarmos ou de deixarmos o grupo comentar os acontecimentos vividos na cena psicodramática, como se ela fosse uma mera ilustração de uma interpretação subseqüente. Tais procedimentos acabam impedindo a vivência, mais que só a visualização, da malha intersubjetiva, da qual o protagonista participa apenas como veículo e desencadeador co-inconsciente. Explicitar o próprio percurso interno, a trama oculta de cada um, é a única via compartilhada que dá sentido ao grupo psicodramático, que o seja apenas através da emoção visível. Analisar ou comentar é colocar-se fora do grupo, à margem da trama oculta, na periferia do Drama coletivo grupal, desconfirmando a representatividade do protagonista quanto aos próprios propósitos intersubjetivos co-inconscientes.

Esta viabilização de um compartilhar constante perpassando qualquer ato ou sessão psicodramáticos é o que dá sentido, na prática, a uma concepção relacional contida na Filosofia do Momento, moreniana, da recuperação da disposição humana para o encontro.

Isto é diferente de afirmar que o percurso psicodramático é um encontro consigo mesmo ou que a sessão ou ato psicodramáticos culminam com uma situação de encontro. Ou de afirmar tratar-se de uma via de transformação de um estado relacional buberiano transmutado em eu-tu.

No primeiro caso, a própria noção de encontro supõe a intersubjetividade e, portanto, a presença de um outro.

No segundo, o compartilhamento é uma via intersubjetiva co-consciente e co-inconsciente, na qual, de alguma forma, podemos intervir, inclusive com procedimentos técnicos. Se, em decorrência disso as pessoas podem ou não experimentar uma vivência que a Filosofia do Momento e não a teoria ou a técnica psicodramáticas convencionou dar o nome de encontro, tal ocorrência não é previsível nem obrigatória, não poderá ser visada nem esperada, resultará apenas em uma das decorrências possíveis de um profundo compartilhamento, que dependerá da força e da clareza da emergência da intersubjetividade co-consciente e co-inconsciente. O caminho do compartilhamento, este sim, poderá ser o instrumento principal e a finalidade em si do acontecer psicodramático e, portanto, do diretor de psicodrama no manejo do grupo. O que isto desencadeia não é mais função do psicodramatista. É como ajudar, com o grupo, a remover o dique que represa um mar. Já é muito que se chegue até aqui sem necessitar da teimosia e da insistência num ideal utópico.

No terceiro caso, em que pese a correlação possível e, aliás, pertinente, entre alguns pressupostos filosóficos de Martin Buber e a construção da base moreniana da Filosofia do Momento, o mesmo se pode dizer a respeito do que acabei de afirmar sobre encontro.

Por outro lado, se num dado instante, o discurso psicodramático se faz no plano filosófico, nada se ganha em substituir os termos encontro e não encontro pelas palavras-chaves eu-tu e eu-isso. A Filosofia do Momento já possui conceituações específicas. Referir-se a Buber significa apenas correlacionar conceitos entre dois modos próximos de filosofar e não utilizá-los indiferentemente como sinônimos, já que pertencem a duas construções filosóficas diferentes, com encadeamentos lógicos próprios e singulares, embora semelhantes, em sua essência, para a nossa compreensão.

Desta maneira, compartilhar, não importa de que modo, dependendo da qualidade com que os sujeitos se interpenetram co-consciente e co-inconscientemente num processo co-criativo, poderá ser a parte visível e vivida daquilo que a Filosofia do Momento, de Moreno, chamaria de encontro, ou o seu desencadeante possível no presente ou num ponto futuro.

Esta é a condição de permeabilidade humana que poderíamos definir como o estado, o propósito e a própria razão de ser do psicodrama.

A compreensão deste movimento permanente de compartilhamento está na própria origem do teatro. O contraponto entre os atores-protagonistas e o coro, no teatro grego, se constitui na ação-Drama que "determina o trágico"[1], como tão bem estudou, entre nós, Volpe.

1. VOLPE, J. A. *Édipo: psicodrama do destino*. São Paulo, Ágora, 1990.

Ora, sendo o coro uma pequena seleção anônima do povo, exprimindo sentimentos e pontuando a ação durante todo o desenrolar do Drama, é "o homem comum", que a ele "se incorpora"... "chorando e cantando com os protagonistas"[2].

É este contraponto que viabiliza a catarse, sempre presente na estrutura de qualquer tragédia, em que o conflito do herói perante o Destino traçado pelos deuses se resolve.

Logo, este estado constante de compartilhamento do psicodrama, por vezes mais co-consciente e por vezes mais co-inconsciente, ocorrendo em planos de simultaneidade, nada mais é que uma função do coro devolvida a todo o grupo, que antagoniza a ação, marcando o contraponto necessário para a solução da via trágica, através da catarse do protagonista.

A delicada estrutura da rede sociométrica do grupo, que entrelaça escolhas com percepções, fornece o substrato relacional que viabiliza este compartilhamento, que pode até ter o seu viés transferencial em tudo aquilo que é capaz de levantar e para o que o diretor deve estar atento, por tratar-se de vias de acesso novas ao co-inconsciente grupal.

A dimensão psicoterápica atual do psicodrama como processo, uma das formas de psicodramatizar, pode englobar assinalamentos e comentários, desde que não interrompa o fluxo do compartilhamento.

Trata-se de uma fronteira delicada que se, de um lado, não se pode furtar a algum tipo de costura do processo, a meu ver, a mais econômica e concisa possível, por outro lado, não pode, de forma alguma, violentar os fundamentos psicodramáticos, aqui descritos, que norteiam o percurso de um grupo de psicodrama.

Algumas armadilhas freqüentes se oferecem continuamente ao diretor, travando o compartilhamento autêntico.

Por exemplo, o depoimento dos egos-auxiliares, profissionais ou não, o que é muito comum, insistindo em marcar para o protagonista o sentimento que experimentaram em cena em face de tal ou qual atuação de seus variados papéis psicodramáticos.

---

2. VOLPE, J. A., *op. cit.*

Na verdade tais comentários nada revelam dos Dramas privados e muito menos da trama oculta dos egos-auxiliares, cuja explicitação de algumas de suas dimensões, isto sim, constituiria um verdadeiro compartilhamento. Nada mais que comentários travestidos de compartilhamento, da mesma forma que observações feitas utilizando a palavra sentir como verbo, sem que se constitua numa expressão real de sentimentos.

Por exemplo: "Eu sinto que você estava tenso naquela cena com a sua irmã", um simples dado de observação. Ou "Eu sinto que por trás disso tudo você não quer realmente crescer", na verdade uma interpretação, e assim por diante. A palavra "que" precedendo um pronome (eu, você, ele, nós etc.) desloca o sentimento para a esfera da apreciação e do raciocínio.

O verbo sentir liga-se diretamente à nomeação do sentimento em questão sem qualquer conjunção: "Sinto angústia". "Sinto uma coisa ruim". "Sinto-me confuso" etc.

Como importa mais discutir a essência do que é compartilhamento em psicodrama, tais observações ficam aqui registradas entre parênteses para um desenvolvimento posterior.

Levando em conta a conexão entre compaixão e compartilhamento, tal ligação me leva a pensar em duas direções, aproveitando a deixa e deixando de lado, propositadamente, a compreensão do termo compaixão como movimento para o outro, o que, obviamente, não o desvincula da noção de compartilhamento, em estreitíssima correlação.

Em primeiro lugar, que a qualidade daquilo que pode ser compartilhado é polimorfa, cabendo a gama mais variada de todos os sentimentos humanos, como o deus que promove, com o milagre do vinho, o compartilhar da alegria, ou como o personagem de Cony que se recusa a dividir apenas a tristeza.

Por inferência, a compaixão, como um sentimento possível, pode entrar no rol de algo que também pode ser compartilhado, como qualquer sentimento.

Em segundo lugar, que a compaixão pode ser entendida como o sentimento que move ou que pode mover um integrante de um grupo de psicodrama, de qualquer natureza, no ato de compartilhar, na direção do protagonista, como se ele fora meramente um herói agonizante, sem perspectivas de transformação.

Espero que a conceituação de um estado de compartilhamento permanente, articulado à noção de coro teatral, de protagonista, de co-consciente, de co-inconsciente e de co-criação, num substrato sociométrico intersubjetivo, já tenha respondido esta questão.

Se não, acrescente-se mais um argumento, o de que tudo aquilo que é compartilhável é em si mesmo transformado por e à feição do outro.

Tomando como exemplo a obra de arte, que se torna uma conserva cultural do autor no momento em que ele lhe empresta a última demão de seu acabamento, ela se recria e, portanto, deixa novamente de ser conserva, no contato com o seu apreciador. Quem lê um livro, assiste a um filme ou contempla um quadro, dá à obra de arte um significado próprio permeado por sua subjetividade. Não passa de uma forma de compartilhamento mental com o autor que não está ali.

A obra de arte é, por isso mesmo, e não pode deixar de ser, sempre aberta, sempre ressignificada, ampliada em sua condição humana como um produto permanentemente co-criativo, em que o apreciador é elevado à condição de co-autor. Ela é o desencadeante das direções mais inesperadas, imprevistas pelo autor original. A obra de arte é aberta porque qualquer relacionamento humano é aberto.

O filme *A poderosa Afrodite* de Woody Allen, uma comédia, escolhida aqui não por acaso, coloca em cena um coro grego, que satiricamente comenta a ação cinematográfica.

A Afrodite em questão é uma prostituta, que deu o filho recém-nascido para adoção e que se constitui no riso e no tempero especial do filme.

Quem garante que uma mulher que tenha passado por tal experiência terrível e que assista a este filme não saia do cinema em prantos, sem achar a menor graça nesta comédia deliciosa, para ela uma retumbante tragédia, tomada de compaixão pelo personagem?

Ariano Suassuna, em seu *Auto da compadecida*, lança o mote:

"O Diabo: Lá vem a compadecida!
Mulher em tudo se mete!

Maria: Meu filho, perdoe esta alma,
Tenha dela compaixão!
Não se perdoando esta alma,
Faz-se é dar muito gosto ao cão:
Por isto absolva ela,
Lançai a vossa bênção."

Este auto nordestino, inspirado em Gil Vicente, nos apresenta a Compadecida como uma advogada de defesa das fraquezas humanas, tirando os pecadores das garras do Encourado, a representação do Diabo, intercedendo por eles junto a Manuel, que se declara Jesus e que, às tantas, desabafa:

"Se a senhora continuar a interceder desse jeito por todos, o inferno vai terminar como disse Murilo: feito repartição pública, que existe mas não funciona."

Se bem que é verdade que uma certa compaixão pelo protagonista nos devolve à mesma meia dúzia dos problemas humanos, que no fundo todos temos, isto nos remete à sensação de não estarmos sozinhos e nos solidifica como presença e solidariedade. Compadecei-vos de nós, homens e mulheres, tão semelhantes que somos!

No entanto, se o compartilhar se limita ao exercício da compaixão, o psicodrama vai acabar como a repartição pública de Suassuna, que existe mas não funciona.

11

FANTASIAS REAIS

Nem sempre a imaginação se harmoniza com as nossas diversas formas de desempenhar os nossos mais diversos papéis, quaisquer que sejam as categorias onde eles podem ser classificados.

O que deveria ser uma libertação, muitas vezes se torna um aprisionamento.

Só mesmo a compreensão de como eles se articulam entre si e o seu conjunto às raias do desejo e da fantasia é que torna possível vivê-los como um veículo capaz de transportar, sem solavancos, todo o nosso potencial criativo. É quando o sonho pode se tornar real sem que seja necessário dormir e acordar de novo.

Selecionei, pois, entre tantos, um cego argentino, Jorge Luis Borges, que me servisse de guia para além do solo portenho ou brasileiro, neste terreno universal, mais abrangente que só o Cone Sul, ao mesmo tempo deslumbrante e luminoso quanto pantanoso e obscuro, onde coabitam o que convencionamos chamar de realidade e fantasia.

1. O DESEJO DE QUERER

"Queria sonhar um homem: queria sonhá-lo com integridade minuciosa e impô-lo à realidade."[1]

---

1. BORGES, J. L. Ruínas circulares. In: *Ficções*. São Paulo, Abril Cultural, 1972.

Desejo, fantasia, imaginação e criação são ingredientes indispensáveis na construção da realidade psicodramática.

A fantasia como obra e criação da imaginação tem como "função primária a encenação do desejo"[2].

A imaginação, por sua vez, tanto é capaz de "formar imagens de objetos que já foram percebidos (imaginação reprodutora), quanto de formar imagens de objetos que não foram percebidos ou de realizar novas combinações de imagens (imaginação criadora), além de criar mediante a combinação de idéias"[3].

Se, por outro lado, a fantasia, como produto direto da imaginação, é a essência do teatro e o teatro fornece os elementos fundamentais da metodologia psicodramática, "o método psicodramático é o da encenação do desejo"[4], expressando na cena o conjunto articulado dos desdobramentos resultantes quer da imaginação reprodutora, quer da imaginação criadora, através de um jogo de papéis complementares.

Dependendo do *locus* em que se dá tal complementaridade e de sua função específica, os papéis receberam de Moreno uma classificação (psicossomáticos, sociais e psicodramáticos ou psicológicos ou fantásticos) que sofreu modificações importantes a partir de formulações de psicodramatistas brasileiros contemporâneos.

Mezher, por exemplo, em 1980, abandonou o termo papel psicossomático, propondo em seu lugar "zonas corporais em interação", por entender que a falta do par complementar nos papéis de ingeridor, urinador e defecador deixava de caracterizá-los como papel.

Naffah Neto, um ano antes, criou a noção de "papel imaginário" e estabeleceu claramente a diferença entre esta categoria nova e a de papel psicodramático. O primeiro seria caracterizado pelo fato de ser jogado apenas na imaginação, sendo portanto conservado dentro do sujeito. O segundo, o papel psicodramático, por seu lado, seria definido por seu *locus*, o cenário psicodramático, e pela sua função-ponte

---

2. GONÇALVES, C. S. Pequeno comentário sobre a metodologia psicodramática: o lugar da fantasia. *Anais do 6º Congresso Brasileiro de Psicodrama*, v. 2, 1988, pp. 90-3.
3. FERREIRA, A. B. H. *Novo Dicionário da Língua Portuguesa*. Rio de Janeiro, Nova Fronteira, 1975.
4. GONÇALVES, C. S., *op. cit.*

entre os papéis imaginários e os papéis sociais, resgatando da imaginação, na cena psicodramática, numa explosão criativa e espontânea, aqueles papéis que não podiam ser atuados, porque cristalizados transferencialmente.

A partir daí, a maneira de atuação renovada de tais papéis psicodramáticos pode, então, ser incorporada como um modo relacional propagado aos papéis sociais, um *status nascendi* novo, claramente visível num processo que se segue à catarse de integração.

Em 1990, por meio de um estudo sobre a paixão, eu propus uma outra categoria, a de papéis de fantasia. Estes papéis, também construídos na imaginação, não são, ao contrário dos papéis imaginários, conservados transferencialmente no indivíduo sem uma via de atuação. Eles correspondem aos papéis jogados pelas crianças, por exemplo, em suas histórias de fadas e brincadeiras cotidianas e são os mesmos papéis observados nos jogos dramáticos e no teatro espontâneo dos adultos. Por não estarem necessariamente vinculados obstrutivamente à transferência, seu *locus* não se restringe apenas ao cenário psicodramático, podendo ser jogados em qualquer lugar e momento.

Sendo assim, esta classificação de papéis, adotada por boa parte dos psicodramatistas brasileiros contemporâneos, compreende, até aqui, os papéis sociais, os papéis de fantasia, os papéis imaginários e os papéis psicodramáticos.

A estruturação dos papéis sociais, dos papéis de fantasia e dos papéis imaginários é dada pelo confronto, na criança, entre imaginação e fantasia e as interpolações de resistências (entendidas aqui como fenômeno do desenvolvimento humano e não como técnica psicodramática específica) que o meio oferece ao desempenho dos mais variados papéis sociais.

Dito de outro modo, se a fantasia é o produto direto da imaginação e esta é regida pelas diretrizes do desejo, é o desejo, em última análise, que, se defrontando com as interpolações de resistências, molda o movimento da imaginação, dando forma e conteúdo à fantasia.

O que se convencionou chamar, em psicodrama, de brecha entre realidade e fantasia, na verdade uma figura de linguagem utilizada por Moreno e não um termo técnico, descreve a transição entre o 1º universo infantil, indiferenciado, e um 2º universo, em que ela se separa do outro. Pois é justamente neste ponto de confluência que se estrutura a complementaridade consciente dos primeiros papéis sociais, que não pode ocorrer sem que se reconheça o outro.

É precisamente a resposta deste outro, através da complementação dos papéis em questão, que dá a pauta daquilo que pode e do que não pode ser atuado através dos papéis sociais que estão em jogo neste momento. Os limites dados, assim, nesta inter-relação é que constituem as interpolações de resistências a que me referi anteriormente.

Ora, do ponto de vista da criança, tudo aquilo que não pode ser atuado através de tal complementaridade de papéis sociais, por imposição das interpolações de resistências, faz refluir o desejo que configura a imaginação como fantasia, cristalizada transferencialmente ou não, compondo os papéis imaginários ou os papéis de fantasia.

Os papéis de fantasia terão, assim, um outro *locus*, podendo até ser o cenário psicodramático, quando, então, se transformarão em papéis psicodramáticos. Ou, se em outro cenário, que não o psicodramático, continuarão a ter a sua expressão espontânea ainda como papéis de fantasia.

Os papéis imaginários, por sua vez, por estarem cristalizados transferencialmente, sob um ponto de vista sociométrico, só podem ser atuados no cenário do psicodrama, resgatados pelos papéis psicodramáticos, fechando o ciclo.

Para Moreno, a realidade e a fantasia não estão em conflito na cena dramática. Na verdade, o que Moreno acentua é o valor de uma verdade subjetiva que supõe que a imaginação do homem não deixe de lado a "eterna criança que existe nele, descobrindo novos modos de preencher o universo com seres fantásticos, mesmo que precise criá-los"[5].

É este vir-a-ser individual de uma verdade psicodramática e poética que o psicodrama resgata, através da realidade suplementar, que nada mais é que a realidade invisível ou, mais precisamente, a dimensão invisível de realidade, que se revela para o sujeito na própria ação dramática, a partir, principalmente, da inversão de papéis e da inter-

---

5. MORENO, J. L. *Psicoterapia de grupo e psicodrama*. São Paulo, Mestre Jou, 1974.

venção espontânea dos egos-auxiliares no jogo complementar de papéis psicodramáticos, que ele incorpora, passando a deixar que ela flua criativamente, a partir daí, como uma nova verdade, em seus papéis sociais na sua relação com o mundo.

A realidade suplementar emerge, pois, como o resultado psicodramático da convergência entre desejo, fantasia, imaginação e criação.

O desejo de querer do homem que sonha o sonho de Borges.

2. A COMPREENSÃO E O ATO COMO EMPREENDIMENTO

> "Compreendeu que o empenho de modelar a matéria incoerente e vertiginosa de que se compõem os sonhos é o mais árduo que pode empreender um homem, ainda que penetre todos os enigmas da ordem superior e inferior: muito mais árduo que tecer uma corda de areia ou amoedar o vento sem efígie."[6]

Para Moreno, a ação precede a palavra e a contém.

Para Bouquet, a cena imaginária em psicodrama "está próxima do conceito psicanalítico da fantasia inconsciente: entre o real e o discursivo"[7]. A diferença está em que a "cena imaginária corresponde também ao mundo externo e não só ao interno. Tem espacialidade. Há um espaço imaginário coexistindo com o espaço discursivo em que estão localizadas as cenas imaginárias com seus personagens e outros elementos próprios deles"..."tem substância própria do indivíduo quanto do interpessoal, como do externo." "É um imaginário positivo."[8]

Bouquet é dos poucos psicodramatistas que atende a uma reclamação de Camila Salles Gonçalves, que não entende por que no psicodrama não há uma teoria da imaginação e da fantasia estruturada, a matéria-prima da ação dramática, sua encenação direta.

Para Aguiar, os papéis cumprem uma função sinalizadora para a complementação de atos e se definem pelo projeto dramático em jogo

6. BORGES, J. L., *op.cit.*
7. BOUQUET, C. M. *Fundamentos para una teoría del psicodrama*. México, Siglo Veintiuno Editores, 1977.
8. Idem, ibidem.

numa dada relação ou situação. Em outras palavras, quando as pessoas entram em contato umas com as outras, é construído entre elas um objetivo comum (projeto dramático) que norteia a complementaridade de papéis naquele processo relacional que se estabelece e, conseqüentemente, todos os atos necessários para que tal complementaridade se cumpra. Isto vale para qualquer situação da existência e, é claro, para qualquer papel, quer social, quer psicodramático.

É uma característica humana o fato de que, no instante que este movimento relacional se inicia, os papéis complementares que se articulam o fazem a partir de uma pauta de expectativas que o próprio ato de se relacionar vai deixando a descoberto no momento ou no processo. "A reformulação de tal sistema de expectativas"[9], "enquanto e durante este movimento relacional, nada mais é que a co-criação. Esta situação de complementaridade criativa em que se dá um encontro de espontaneidades é o que chamaríamos de tele"[10].

Poderíamos acrescentar que para cada projeto dramático manifesto há, subjacente a ele, um projeto dramático latente, assim como, do ponto de vista de Bouquet, há uma cena latente num espaço imaginário por trás de uma cena manifesta num espaço discursivo.

Sendo assim, o empreendimento do ato é a co-criação, capaz de preceder e conter a palavra e de concretizar, na cena dramática, um projeto e uma cena latente que, vividos, podem ser compreendidos e co-criados com o compartilhamento.

A corda de areia e a moeda do vento.

3. A solidão de não ser

"Não ser um homem, ser a projeção do sonho de outro homem...
...descobrisse de alguma maneira sua condição de mero simulacro,"[11]

Não querendo me alongar demais em correlações tão complexas quanto reveladoras, ainda à espera de mais sólida estruturação, apenas uma pergunta:

---

9. AGUIAR, M. A evolução dos conceitos tele e transferência. Mesa-redonda, IV Encontro Internacional de Psicodrama, São Paulo, 1991, não publicado.
10. PERAZZO, S. *Ainda e sempre psicodrama*. São Paulo, Ágora, 1994.
11. BORGES, J. L., *op. cit.*

Há solidão maior que viver apenas um papel imaginário não atuado, sem complementação, aprisionado em suas próprias transferências ou o "não ser" de ser colocado como mero simulacro de uma complementação, que não se realiza, dos papéis imaginários do outro, somente um alvo vazio de suas projeções, cada qual imerso em seu próprio Drama privado?

4. Ser no outro

> "Com alívio, com humilhação, com terror, compreendeu que ele também era uma aparência, que o outro o estava sonhando."[12]

Para finalizar este capítulo, uma última questão:

A minha existência é a existência do outro, a minha inserção num átomo social, a minha posição sociométrica e a minha consciência de grupo e no grupo, em que o compartilhamento atuado da minha imaginação e fantasia serve de ponte para o desvelamento da trama oculta do meu desejo num processo continuamente co-criativo.

Por enquanto, fico por aqui, propondo uma discussão e uma reconstrução psicodramática da imaginação e da fantasia e junto, nestas palavras, as mesmas duas letras iniciais, J e L, que batizam Jorge Luis e Jacob Levy. Borges e Moreno, dois estupendos representantes da melhor estirpe dos grandes sonhadores, alquimistas capazes de tornar reais as mais tímidas e encardidas fantasias.

---

12. BORGES, J. L., *op. cit.*

12

PERSÉFONE E O MENDIGO

"Saiba que os poetas, como os cegos,
Podem ver na escuridão."

(*Choro Bandido*, Edu Lobo e
Chico Buarque de Holanda)

Cenário

Uma sala imensa, de pé-direito muito alto, portas de vidro ao fundo abrindo para um pequeno jardim, espelhos, manequins, chapéus, araras em que se penduram as mais variadas roupas, bengalas jogadas ou empilhadas em um canto, bolsas e múltiplos adereços, caixas com retalhos coloridos de vários tecidos lisos e estampados, aparelho de som, discos, fitas, luzes e, sobretudo, um arsenal interminável de máscaras que, penduradas, cobrem toda a extensão de uma parede. Lá fora, o inverno portenho, reconstituído com seu vento cortante por antigas partituras para o *bandoneon* do saudoso Piazzola. O bairro, Palermo Viejo, onde se localiza o Instituto da Máscara, criado por Mario J. Buchbinder, no qual se realiza a segunda parte de um encontro de psicodrama de fim de semana — *Café Encontro Psicodramático* — organizado por ele e por Carlos M. Menegazzo, do qual participam seis psicodramatistas brasileiros e aproximadamente vinte argentinos, em agosto de 1993.

Mario está dirigindo um teatro espontâneo, para o qual todos os demais se dispõem como atores.

Aquecimento até a composição do personagem

Antes de mais nada, gostaria de destacar que toda a descrição que se segue se refere à minha própria vivência como ator espontâneo e como integrante deste grupo, com a finalidade específica de discutir algumas reflexões teóricas e o delineamento atual de minha postura em face da maneira de tratar a teoria do psicodrama, que me ocorreram após esta experiência rica e profunda, ao mesmo tempo leve e divertida. Não me cabe analisar o trabalho, por sinal excelente, do diretor, nem processar minuciosamente uma vivência que não foi dirigida por mim e que não fui convidado a comentar. Apenas aproveito a memória fresca porque os acontecimentos e a minha subjetividade em vivenciá-los, como verão a seguir, me parecem servir perfeitamente aos propósitos de uma discussão sobre a teoria do psicodrama.

Voltemos, portanto, ao aquecimento, após este preâmbulo.

Uma série de procedimentos foram utilizados, iniciando com um trabalho corporal, que consistiu desde a tomada de consciência do corpo até dança e relaxamento, com solicitação de interiorização, que, por sua vez, desencadeou em cada membro do grupo uma sucessão de imagens ou cenas. A uma dada altura, pediu-se que buscássemos os retalhos de tecidos e que brincássemos com eles ao som da música que fluía na sala. Mais tarde, que examinássemos as máscaras disponíveis, que as olhássemos, que as experimentássemos, até escolher aquela que gostaríamos de deixar colada ao rosto. Poderíamos então ir compondo um personagem, acrescentando ou não peças de vestuário e adereços ao nosso alcance. Uma vez caracterizados, cada qual procurava dentro de si mesmo o seu personagem, o lugar por onde andava e seus diálogos interiores, adotando sua postura corporal e sua forma peculiar de comunicação através de gestos, sons ou palavras curtas, até finalmente se juntarem em grupos de cinco ou seis.

Cada grupo de personagens, que se escolheram naturalmente, combinou entre si um esboço de cena a ser dramatizada. Cada uma destas cenas foi montada e desenvolvida no cenário, sucessivamente, de modo que, cada vez que um grupo representava, os demais se tornavam platéia.

Ao fim deste conjunto de dramatizações espontâneas, os grupos originais se reuniam para compartilhar suas vivências.

Esta é a descrição sumária do procedimento geral. Passo a relatar o meu viés subjetivo: meu encontro com meu personagem e alguns *flashes* da dramatização e do compartilhamento do grupo em que eu me incluía.

O HOMEM DOURADO

Durante a dança com os retalhos, escolhi um tecido leve, branco e transparente, aparentemente ao acaso, e, muitas vezes, brincando com ele, eu o enrolava no pescoço. Não tinha até aí qualquer significado especial para mim. Não me vinha também qualquer imagem suficientemente forte que me sugerisse cena ou personagem. Muito me demorei na escolha das máscaras, acabando por me deter numa dourada, lisa e com um sorriso fixo e algo glacial. Envolvi o pescoço com o retalho branco, misto de cachecol e de gravata, acabando num grande laço, e coloquei um chapéu branco na cabeça, meio de lado, num ângulo atrevido. Não conseguia encontrar um personagem. A cor dourada me sugeria meu saxofone. O jeito do chapéu algo de malandro. E só[1].

O DRAMA DO ROBÔ

Encontrei-me com um grupo de personagens: Perséfone, um mendigo, uma princesa, um robô, onde eu, o homem/malandro dourado, tive acolhida. Iríamos compor uma cena.

---

1. É importante assinalar que, até este ponto, naquele momento do grupo, eu me sentia distante e isolado dos demais, receando não ser bem compreendido e aceito com os sentimentos que me tomavam e que não eram bem claros nem para mim mesmo.

Obviamente (se não fosse assim, não seria teatro espontâneo), a pauta que traçamos para a montagem da cena foi seguida apenas em linhas gerais. Cada um acrescentou o seu improviso durante a própria ação, complementado, por sua vez, pela improvisação do jogo de papéis psicodramáticos dos demais, o que acabou se constituindo na grande riqueza desta dramatização. Começa o ato:

O robô irrompe no cenário com seus movimentos automatizados, pedindo que lhe dessem vida e que o libertassem de um destino de contenção, limitado a movimentos mecânicos e repetitivos.

O homem dourado, por sua vez, está agachado e agarrado a ele e revela, num solilóquio, representar um brilho perdido que se esconde no interior do robô à procura de uma livre expressão.

O robô encontra então um mendigo e lhe comunica a sua angústia e o seu desejo. Pede-lhe ajuda.

O mendigo, na verdade um homem sábio, sai pelo mundo em busca de uma solução e se depara com Perséfone, a rainha do reino dos mortos, sendo este o ponto em que a dramatização atinge seu ápice de dramaticidade e de beleza.

Num diálogo vivo e intensamente carregado de emoção, que não sou capaz de reproduzir, Perséfone vai aos poucos se deixando convencer pelo mendigo e, mesmo relutando, decide vir à superfície no mundo dos vivos, tomada de uma força interior que a faz insuflar um sopro de vida ao robô.

O homem dourado sai então de trás do robô e coloca nele a sua própria máscara brilhante. O robô ganha vida e movimentos, solta-se no ar e termina a cena.

A princesa não quis participar da dramatização.

Compartilhamento

Detalharei apenas os momentos do compartilhamento do subgrupo em questão que serviram de base às minhas reflexões, que proponho discutir aqui.

Após a dramatização, cada pequeno grupo se reuniu para um compartilhamento antes do compartilhar geral.

Contei para o meu grupo o que acabara de descobrir sobre meu personagem. Lembrei-me naquele instante de um tio, meu padrinho, um jóquei uruguaio que, nos anos 40, quando ganhava uma corrida, levava meu pai, ainda solteiro, para grandes farras nos cabarés da Lapa do Rio de Janeiro.

Eu gostava muito deste meu padrinho, que ia me buscar no carnaval para os bailes infantis do clube do bairro em que eu morava; que mais tarde se dispunha a arrancar, tão carinhosamente quanto possível, meus dentes de leite com um pequeno alicate de unhas esterilizado; e que me assustava em seu leito de morte, com meus nove anos, com o pescoço envolvido em gaze após a cirurgia de câncer de laringe.

Além disso, naquele momento de vida, eu andava preocupado em recuperar o meu brilho e a minha música, tão sobrecarregado estava de trabalho, com a sensação de estar sempre cansado, preocupado com questões financeiras e com a minha saúde e até descuidando do meu saxofone.

Estes sentimentos foram compartilhados pela companheira que fez o papel de robô. Também se sentia por demais automatizada, deixando de lado seus desejos e fazendo da vida um peso.

Enquanto eu falava, o rosto de "Perséfone" iluminou-se e, num primeiro momento, só conseguia dizer: "É incrível, incrível!".

Emocionada, começou a contar as recordações que lhe vinham à cabeça naquele momento:

Quando era menina, morava numa cidade do interior da Argentina que, durante o carnaval, mobilizava seus habitantes numa festa típica da região, com desfiles e danças. Seu pai, neste dia, encarnava um personagem especial que, montado num burro, abria o cortejo e, no decorrer das comemorações, seguindo um *script* predeterminado folcloricamente, acabava morrendo para que o carnaval continuasse. A glória e a morte deste personagem, seu pai, presenciada por uma menina pequena a cada ano, causava-lhe primeiro uma alegria logo seguida de angústia. Seu pai já morrera e voltava agora neste nosso grupo a reviver os mesmos sentimentos. E, como clímax, ela contou que o personagem folclórico vivido por seu pai naquele teatro popular de rua era um mendigo.

Pauta de discussão

A partir desta vivência psicodramática, que foi aqui sumariamente descrita, proponho os seguintes pontos de discussão:

1º – *Quanto à técnica:*
a articulação entre os iniciadores de um aquecimento;

2º – *Quanto à teoria:*
a composição do personagem;
a escolha do par complementar e a força dramática da cena;

3º – *A restauração estética do psicodrama e o posicionamento frente à sua teoria.*

Técnica: A articulação entre os iniciadores de um aquecimento

Via de regra aceitamos sem muita crítica as duas categorias básicas de iniciadores, físicos e mentais (os psicoquímicos são secundários, para efeito de nossa discussão), formuladas por Moreno, imaginando que num dado aquecimento está operando ora um, ora outro.

Naffah Neto, em 1979, não só defende o ponto de vista de que o iniciador fundamental é a percepção, para a qual concorrem os sentidos do indivíduo num esforço de abertura a uma situação, como também afirma que "percepção e memória imaginativa funcionam como um todo coeso"[2]. Não admite o conceito de iniciador mental porque seria negar a intermediação do corpo e da percepção em face da realidade. A memória imaginativa não poderia se antepor à apreensão dos sentidos. Ainda, segundo Naffah Neto, quando se deflagra uma sucessão de imagens no protagonista, isto acontece porque o diretor lhe "empresta" sua percepção (corpo) que desencadeia um processo mnemônico.

Bustos, em 1985, introduz uma nova classificação de iniciadores: corporais, emocionais e ideativos, articulando-os com técnicas psicodramáticas específicas, visando à montagem e ao desenvolvi-

2. NAFFAH NETO, A. *Psicodrama: descolonizando o imaginário*. São Paulo, Brasiliense, 1979.

mento de uma cena, particularmente nas situações de atendimento individual bipessoal, onde o manejo do psicodrama é mais difícil.

Na verdade, Bustos se refere a determinados sinais que surgem no protagonista e que permitem ao diretor escolher uma dada via de acesso para o aquecimento. Por exemplo: tensões corporais, emoções ou imagens, que permitam operar com iniciadores quer corporais, emocionais ou ideativos.

Em nenhum momento Bustos isola a atuação de um iniciador em detrimento dos outros. Apenas discute a forma de operá-los, que neste capítulo de seu livro é o objetivo a que ele se propõe.

Comparando as formulações dos dois autores, podemos deduzir que, embora o psicodramatista possa escolher uma via de acesso técnica que opere inicialmente através de um iniciador corporal, emocional ou ideativo (segundo a classificação de Bustos), não é possível dissociar no protagonista percepção (sentidos), emoção e memória imaginativa. A escolha de por onde operar é do diretor, mas o que é deflagrado no protagonista é um conjunto indissociável dos três planos. Ou seja, dentro dele há uma conjugação entre as três áreas ou os três tipos de iniciadores todo o tempo. O diretor é que irá acentuar mais ou menos cada um deles em todo o processo de aquecimento e da dramatização. Os diferentes tipos de iniciadores, portanto, operam sempre em conjunto, mesmo que aparentemente um deles predomine, ainda que inicialmente.

Este preâmbulo se faz necessário para o entendimento da segunda reflexão.

Teoria 1: A composição do personagem

Tomemos o caminho de incorporação do homem dourado.

Mário, quando iniciou o aquecimento do grupo, escolheu um trabalho corporal, a que se seguiu uma interiorização de imagens e cenas. Em outras palavras, poderíamos dizer que o diretor abriu uma via de acesso através de um iniciador corporal e em seguida uma outra através de um iniciador ideativo.

No entanto, minha percepção (corpo/sentidos) estava tão presente quanto minhas emoções e quanto as imagens que se formavam ora dentro de mim, ora projetadas fora de mim nos retalhos, roupas, chapéus, máscaras etc. Portanto, desde o início, havia uma conjugação harmônica de iniciadores que deflagraram e que mantiveram o meu aquecimento.

A construção de meu personagem obedeceu a um processo semelhante ao das imagens oníricas, no que diz respeito às condensações e deslocamentos que o caracterizaram.

Como ficou patente no compartilhamento, o retalho branco que já no aquecimento eu enrolava no pescoço, e que mais tarde compôs parte da roupa do personagem, associou-se à gaze hospitalar em torno do pescoço do meu tio.

A máscara dourada, ao brilho perdido, à cor do saxofone, à cor simbólica do dinheiro, à boca fechada (a máscara tinha um riso de boca fechada), a algo usado no carnaval. O conflito entre prazer e dever é evidente: o brilho a ser recuperado, o excesso de trabalho, o prazer (saxofone) de lado, preocupações financeiras (a cor do dinheiro).

Contribui para o meu aquecimento interno e para a deflagração dessas imagens o fato de estar na Argentina, de ser meu pai argentino e meu avô uruguaio, talvez "previsivelmente" condensados junto com o tio uruguaio no mesmo personagem.

O chapéu de lado condensa igualmente a malandragem, a transgressão e o castigo, a morte. O chapéu e o tio, o tio e o cabaré, o tio e a morte, a máscara — dourada, mas inexpressiva —, o sorriso gélido. A boca fechada e o medo diante do padrinho a querer me arrancar os dentes com o alicate. Máscara, tio e carnaval. Prazer (vida) e morte. Castigo e redenção.

Esta descrição é uma evidência do conjunto de significados que se articulam na composição de um papel psicodramático com uma carga transferencial positiva ou negativa[3]. Na verdade, uma encruzilhada de cenas em que se misturam presente, passado e prospecção de futuro.

3. Transferencial, se levarmos em conta o meu isolamento naquele momento e a minha dificuldade temporária de me relacionar com o grupo. O que me leva a pensar na possibilidade de os demais integrantes deste subgrupo poderem estar imersos, igualmente, em algum nível de um campo transferencial.

Outra questão é a da anterioridade da ação sobre a compreensão do personagem. O jogo do papel psicodramático de homem dourado antecedeu a apreensão do seu significado, que surgiu apenas no compartilhamento com o grupo. A força criadora e iluminadora do psicodrama, apesar de, ou melhor, em razão mesmo da transferência, é incontestável.

E mais ainda, os elementos originais do teatro, com máscaras e vestuário, contribuindo para a riqueza maior do leque associativo à disposição do protagonista ou do co-protagonista, cimentando ainda mais a articulação entre as várias modalidades de iniciadores. Lembremos que tais adereços, embora estejam todos à vista, são por ele escolhidos, não por acaso, na hora da caracterização do personagem.

TEORIA 2: A ESCOLHA DO PAR COMPLEMENTAR E A FORÇA DRAMÁTICA DA CENA

Moreno nos diz em seu livro *O teatro da espontaneidade*:

> "Existem atores, conectados entre si por uma reciprocidade invisível de sentimentos, que possuem uma espécie de sensibilidade superdesenvolvida para com os seus processos internos mútuos. Basta um gesto, e às vezes nem precisam se olhar; são telepatas em relação uns aos outros. Comunicam-se por meio de um novo sentido, como por uma compreensão intermediária..."[4]

Aguiar nos aponta esta observação de Moreno como a primeira referência ao que mais tarde ele batizou de tele.

Analisando, em 1981, a aplicação e os resultados de testes sociométricos centrados no indivíduo, Anna Maria Knobel nos chama a atenção para a relatividade de interpretação das mutualidades positivas entre integrantes de um grupo, como critérios de definição de tele. Sem a análise das razões das escolhas, em última instância, não se poderia descartar a possibilidade da sua origem intrapsíquica.

Apesar das controvérsias existentes quanto à definição de tele, Knobel, na verdade, nos chama a atenção para a presença de transfe-

---

4. MORENO, J. L. *El teatro de la espontaneidad*. Buenos Aires, Editorial Vancu, 1977 (edição brasileira: *O teatro da espontaneidade*. São Paulo, Summus, 1994).

rência mesmo onde se aparenta existir mutualidade positiva de escolha. Ela nos diz:

> "Cada um realiza suas escolhas em função daquilo que julga ser importante, para complementar positivamente suas necessidades, para aumentar sua satisfação e seu enriquecimento pessoal."[5]

E ainda:

> "Aquilo que ele necessita, teme ou evita para sua complementação, bem como aquilo que os outros julgam que ela pode oferecer para complementá-los, depende fundamentalmente das qualidades dos papéis que ele experimentou em sua Matriz de Identidade, e em todas as suas outras experiências vinculares posteriores."[6]

Novamente Aguiar, na mais ampla e bem acabada revisão dos conceitos tele e transferência que até hoje me chegou às mãos, aponta a incongruência de se opor um conceito intrapsíquico, transferência, a um conceito inter-relacional, tele, propondo que se abandone esta forma de oposição, quer passando tele para o intrapsíquico ou transferência para o relacional. Em função disto, vincula tele ao conceito de projeto dramático que, se convergente entre os parceiros de uma relação, seria o substrato indispensável para a co-criação, ou seja, no seu entendimento, tele. Para Aguiar, "os papéis representariam a indispensável sinalização para a complementaridade de atos de cada um dos parceiros"[7].

Em meu último livro, *Ainda e sempre psicodrama*, estudando a questão da subjetividade nas relações terapeuta-cliente, chamei a atenção para a concomitância de dois projetos que permeiam esta relação. Subjacente ao projeto dramático manifesto dos dois, explicitado através dos papéis sociais de terapeuta e de cliente, há um projeto dramático latente de co-criação co-inconsciente e para o qual também concorre a inevitabilidade da interferência da subjetividade do

5. KNOBEL, A. M. A. A. C. O teste sociométrico centrado no indivíduo. (Monografia) São Paulo, 1981.
6. Idem, ibidem.
7. AGUIAR, M. A evolução dos conceitos tele e transferência. (Mesa-redonda) São Paulo, 1991.

psicodramatista com suas transferências, fundamental para a fluidez da dramatização. O trânsito entre os dois projetos dramáticos é que acaba por permitir que o terapeuta tenha o distanciamento técnico indispensável e a aproximação humana necessária para o desempenho do seu papel e o desenlace terapêutico desta relação e das dramatizações: co-criação.

Analisando a dramatização do teatro espontâneo de máscaras que descrevemos, à luz desta pequena digressão teórica, podemos estabelecer alguns pontos importantes para a nossa reflexão. Tomemos a cena do encontro entre Perséfone e o mendigo:

Antes da dramatização, enquanto o grupo esboçava a pauta geral das cenas, foi combinado apenas que o mendigo, que era um homem sábio, pediria a Perséfone que desse vida ao robô.

Embora houvesse neste momento um projeto dramático esboçado entre os quatro personagens para o todo da dramatização, podemos entender que projetos dramáticos subjacentes entre cada dois personagens também se configuravam para o desenvolvimento de cada cena contida no todo representado. Entre o homem dourado e o robô, partes um do outro. Entre o homem dourado e os outros três, que se concretizou num solilóquio não combinado e que servia de deixa para os demais personagens. Entre o mendigo e o robô; entre o mendigo e Perséfone; entre Perséfone e o robô e, finalmente, entre o homem dourado, pegando a deixa de Perséfone, e o robô, com a troca da máscara (também não combinado previamente).

Ora, a associação entre o robô e o homem dourado é óbvia e foi explicitada antes mesmo da dramatização, quando conversávamos sobre os nossos personagens. O ponto em comum era o sentimento de sobrecarga naquele momento de vida, tirando o brilho de um e transformando o outro num boneco automatizado. Portanto, o critério de escolha para um projeto dramático comum era claro sob este ponto de vista (o manifesto). Os demais componentes constitutivos do homem dourado não eram visíveis neste momento (o latente)[8].

---

8. No término deste capítulo, eu me lembrei que uma colega de consultório, onde me movimento com muita rapidez e concisão nas minhas tarefas administrativas, me presenteou, bem-humoradamente, com um caderno de recados que tem na capa o desenho de um robô, caderno este que utilizei durante muito tempo em meu dia-a-dia e que, na época da vivência que aqui descrevo, era meu caderno de uso pessoal.

A princesa, por sua vez, não quis participar, seja porque não encontrou seu papel complementar, seja porque não podia ou não queria encontrá-lo ou atuar com ele no cenário por razões internas ou objetivas.

Quanto a Perséfone e o mendigo, não havia indicações prévias quanto aos porquês da caracterização dos personagens. E, no entanto, o que se viu foi uma co-criação entre os dois, na cena, rica de espontaneidade, que mobilizou não só o grupo, como toda a platéia, com a sua força dramática.

A julgar pelo desempenho destes dois atores espontâneos, poderíamos dizer, como Moreno, que entre os dois havia aquela sensibilidade especial, quase telepática, responsável pela fluidez da cena e seu clímax dramático.

Sabemos também que, uma vez não sendo conhecidas até aqui as razões latentes que levaram à composição dos personagens, o mesmo princípio da anterioridade da ação sobre o conhecimento também se aplica, da mesma forma que pudemos ver ocorrer no caso do homem dourado.

Ora, Perséfone, na mitologia grega, filha de Zeus e de Deméter, deusa dos cereais, é arrebatada um dia, quando colhia flores, para o subterrâneo mundo dos mortos de Hades. Hades, irmão de Zeus e tio de Perséfone, casa-se com ela, que se torna então rainha daquele reino sombrio. A recusa de Deméter de permitir novas colheitas até que lhe devolvessem a filha provoca um acordo entre ela, Zeus e Hades. Perséfone passa então dois terços do seu tempo com a mãe na superfície e o outro terço como esposa de Hades no abismo dos mortos. Perséfone transita então entre vida e morte e é este o tema que polariza este grupo que se escolhe co-inconscientemente. Não temos dados para afirmar que também este é o tema da princesa.

Não é difícil entender, portanto, por que Perséfone acaba encarnando a carga dramática maior do grupo e por que acaba dando o tom que leva ao desenlace da dramatização. Ela é a única que transita livremente entre a vida e a morte.

O compartilhamento revelou que a companheira de grupo que caracterizou Perséfone estava, na verdade, imersa num campo transferencial e que revivia o trânsito entre vida e morte que presenciava impotente, quando menina, diante do pai que puxava o desfile de carnaval em explosão de vida e de alegria e que morria logo depois como personagem. Sem o saber, durante a dramatização, provavelmente ela também restituía à vida aquele pai num movimento reparatório. Ao mesmo tempo cega e poeta ela "enxergava" na escuridão.

Não nos esqueçamos também que a origem do carnaval, na virada do ano 1000, sob o terror das profecias de fim do mundo, representava o triunfo do homem sobre a morte, caracterizado mais tarde pela Comédia da Arte nas figuras de Pierrô, Colombina e Polichinelo. Este mesmo carnaval está presente nos temas de Perséfone e do homem dourado.

Voltando ao campo transferencial provável que envolvia a atriz espontânea que encarnou Perséfone, fica claro que a escolha de seu par complementar-mendigo, embora sociometricamente de mutualidade positiva, serviu nitidamente aos interesses e necessidades latentes dos sujeitos envolvidos na relação. Embora não tenhamos dados suficientes sobre o "mendigo", no caso de "Perséfone" não há qualquer dúvida, o que corrobora ilustrativamente as observações de Knobel.

Por outro lado, as transferências prováveis envolvidas naquela relação, em vez de impedirem o desenvolvimento dramático, pelo contrário, serviram como mola impulsionadora da ação, o que por si só demonstra que a ausência ou o comprometimento de tele, em sua acepção clássica, não impede a co-criação espontânea no cenário psicodramático. Esta constatação nos remete automaticamente a Aguiar, quando separa tele inter-relacional de transferência intrapsíquica. Logo, a vinculação de tele a um projeto dramático e à co-criação não é incompatível com a presença de transferência numa dada relação. O que este exemplo nos aponta é que o projeto dramático latente em cada um, mesmo se permeado por transferências, poderá prevalecer sobre um projeto dramático manifesto concomitante neste caso, o de montar um teatro espontâneo com máscaras, com plena capacidade de levá-lo adiante. Isto, a despeito das transferências ou graças a elas.

Perséfone foi o catalisador que revelou um projeto dramático grupal latente, qual seja, em última análise, o de vencer o terror e a imobilidade da morte, o de manter a luta pela vida combatendo os fantasmas interiores de todo o elenco de atores espontâneos.

A restauração estética do psicodrama e o posicionamento frente à sua teoria

É inegável a importância da teoria na construção do conhecimento. Porém, de nada vale a teoria se não estiver fundada em alguma forma de vivência e na conseqüente inquietação humana a que ela retorne, com este algo a mais de conhecimento construído inteiramente a seu serviço. A serviço, pois, das interrogações e dos impasses dos homens.

Confesso que me preocupei ao constatar que um seminário composto apenas de teoria de psicodrama era uma aspiração antiga de muitos psicodramatistas[9].

Não sou contra a sua realização, mas quero esclarecer o porquê das minhas preocupações.

A força catártica, iluminadora e integradora do psicodrama, é e sempre foi o que nos reúne e reuniu em torno da denominação de psicodramatistas. Foi o que nos levou a organizar instituições e eventos que nos congregassem de alguma forma e que perpetuassem a transmissão de algo maravilhoso que descobríamos vivencialmente. A necessidade da construção e da reconstrução de uma teoria veio depois.

Foram necessários muitos anos de experiência, de estudo, de desavenças e de produção científica, para que sentíssemos que conquistamos alguma respeitabilidade perante uma comunidade de pares das áreas de psiquiatria, de psicologia e de ciências humanas de um modo geral e de parte do mundo acadêmico. Subestimamos talvez a força do poderoso instrumento que é o psicodrama, como método de ação e que é particularmente eloqüente no que diz respeito à sua eficácia.

Fonseca, em trabalho recente, nos chama a atenção para o fato de Moreno ter deixado diretrizes claras e uma forma acabada apenas quanto ao psicodrama público. Seria este o verdadeiro psicodrama

9. Originalmente, este capítulo se constituiu como um trabalho apresentado no 1º Seminário de Teoria do Psicodrama, Serra Negra, 1994.

moreniano, em que todos os psicodramatistas se reconhecem como tais e até na forma semelhante de dirigi-lo. O psicodrama processual não era praticado por Moreno e não é sem razão que são muitas as formas técnicas de viabilizá-lo e outras tantas as de fundamentá-lo teoricamente.

Penso que estamos à beira de um excesso. Temo que deixemos nosso substrato vivencial comum, derivado do teatro espontâneo, e nos voltemos só para explicá-lo, em vez de também realizá-lo.

Imagino até, em minha fantasia, que chegaremos a publicar um livro intitulado *Seminários de psicodrama*, tendo na capa a ilustração de um hipopótamo ou de um rinoceronte imóvel para nos igualarmos ao elefante, meio leão-de-chácara, que guarda as páginas de *O seminário* de Lacan, um bom símbolo em que pese as suas importantes contribuições para a psicanálise da "paquidermização" teórica que seus seguidores construíram com o excessivo lacanês, distanciado dos conflitos e do sofrimento humano a que deveriam servir. O conhecimento pelo conhecimento chega às raias da cultura diletante se apartado da sua aplicação no dia-a-dia.

Espero que não nos arroguemos o direito de batizar o criador do psicodrama de Moreno da Silva, como se sozinhos o tivéssemos recriado no Brasil. Nem chegaremos, espero, à encruzilhada vaidosa de solicitar à FEBRAP (Federação Brasileira de Psicodrama) um plebiscito que instaure a monarquia no psicodrama brasileiro, cujo primeiro monarca seria Dom Jacob Levi de Orléans e Bragança, com direito até a um baile de gala na Ilha Fiscal, símbolo da decadência do Império. Somos todos herdeiros do psicodrama de Moreno. Nenhum de nós é o único detentor, porta-voz ou administrador do seu legado.

Prefiro o psicodrama em sua plenitude com a teoria integrada à prática, inclusive em todos os eventos que organizamos, o conhecimento brotando junto com a emoção e com o jogo espontâneo dos papéis psicodramáticos, construindo assim a nossa produção científica.

Não precisamos aderir aos modismos como se aquilo que pensamos, que falamos, que escrevemos e que ensinamos não tivesse profundidade ou substância.

Não é necessário arranjar de qualquer maneira um lugar num parágrafo de um artigo de psicodrama para "ferida narcísica" quando estamos preocupados com melhores leituras sociométricas ou com particularidades complexas da teoria de papéis, só porque, se não o fizermos, pareceremos desatualizados e deste modo estaremos automaticamente condenados aos olhares de desprezo de uma comunidade que se diz científica e que, se assim se comporta, não passará de provinciana e ingênua.

Não é obrigatória a utilização de adereços, fantasias, fantoches ou qualquer outro recurso auxiliar para que o psicodrama seja pleno de impacto dramático e resulte numa catarse de integração. O despojamento técnico também se constitui numa variação estética e comunicacional. O teatro se faz através das superproduções da Broadway com um helicóptero de verdade pousando no palco, como em *Miss Saigon*, como num monólogo de um só ator sem qualquer elemento de cenografia. Nem por isso deixa de ser teatro com filas na bilheteria.

O psicodrama tem seu berço no teatro espontâneo, daí minha escolha de discutir um pouco de teoria do psicodrama a partir dele e, particularmente, de um teatro espontâneo de máscaras, artifício ancestral que oculta e revela o ator e o sacerdote e que se tornou o próprio símbolo da dramaturgia e do teatro em nossa civilização.

A restauração estética do psicodrama a que me refiro significa não perder o contato com as raízes e não esquecer que, a par de uma sistematização científica, o psicodrama é a arte que brota de todas as possibilidades expressivas do ser humano, protagonista que é de sua história pessoal, na revivescência de um drama privado, enredado na trama oculta de seus mais íntimos conflitos. A angústia humana encontra aqui palco para um momento emocionante de beleza que envolve toda a platéia em torno de um drama coletivo, com ou sem máscaras, com ou sem fantasias, que se faz comédia, tragédia, romance épico, farsa, sátira, melodrama ou conto de fadas. E é aqui, onde a vida e o palco se misturam, onde o anonimato e a glória se confundem, que, protagonista, tomo o homem dourado pela mão e o levo até Perséfone, deusa capaz de acender uma luz poética que ilumina, psicodramatizando, os recantos mais ocultos e empoeirados de um mundo de trevas, vindo à luz, da escuridão.

13

DEIXOU O VESTIDO DE NOIVA, MAS LEVOU O *LAPTOP*

"Que o mistério não existe! Não acredito em mistérios. Trata-se simplesmente de uma pergunta incorreta de um problema mal colocado, um déficit de informação..."[1]

(Giuseppe Pontiggia)

A característica principal do psicodrama, sob o ponto de vista de uma compreensão existencial, é que ele impõe o verbo ao substantivo e ao adjetivo.

Fundado que está nos conceitos de espontaneidade e criatividade, fluindo nas relações através de papéis, o movimento sempre predominará sobre a fotografia estática, o *status nascendi* sobre a matriz, a forma de vincular-se definindo a própria estrutura do vínculo.

Um equívoco freqüente entre nós, psicodramatistas, é considerar a ação dramática como algo que em si mesmo dispensa a palavra.

No outro extremo, o que podemos constatar através de vários trabalhos publicados, se destaca a posição de privilegiar o valor da palavra e da interpretação como se opondo a uma ação dramática que, apenas ação por ação, relegando ao segundo plano qualquer esforço

---

1. PONTIGGIA, G. A maldição do faraó. Conto, vários autores. *Folha de S. Paulo*, 31/12/95.

reflexivo, tem seu conteúdo vazio de significado, gravitando somente por superfícies existenciais, uma mera fumaça vital.

Ora, assim como não há peça teatral sem um texto ou um filme sem um roteiro, também é verdade que na interpretação de uma história a comunicação também se faz presente através do silêncio, da mímica, do gesto ou da emoção em frases expressivas em que a palavra explicitamente está ausente.

Uma peça teatral é composta de atos que, por sua vez, se compõem de cenas, que se estruturam através de pequenas ações, falas e não-falas e alternância de personagens e de cenários.

Um filme é uma sucessão de fotogramas, ou seja, de fotografias estáticas, mixadas a uma trilha sonora que, quanto mais harmonizada à ação em timbres, altura e tonalidades, mais é capaz de despertar no espectador uma emoção visada pelo autor, pelos atores ou pelo diretor.

A questão não é, portanto, ação ou palavra, mas palavra como parte da ação, enquanto ação, e a conseqüência e profundidade do seu peso, do seu significado e do seu simbolismo, o quanto ela é proferida espontaneamente ou não e o quanto ela é criada ou recriada na ação dramática palavra-ação ou ação-palavra, um todo indissociável.

A ação dramática ou, mais especificamente, a ação psicodramática, pois, não só inclui a plena expressão da palavra em estado permanente de criação, como repete em suas tramas manifestas e ocultas as mais amplas possibilidades da existência em tudo aquilo que esta ação imita, mimetiza, distorce ou simboliza.

Vai ainda além, na medida em que compõe uma realidade suplementar, alavanca criativa da fantasia, que transcende o cenário psicodramático para os atos do cotidiano.

O dia-a-dia ganha força de criação, uma vez experimentada a plenitude da atuação da fantasia no palco psicodramático.

Daí o verbo como imperativo existencial.

Daí a concepção do psicodrama e da vida como movimento, ou seja, como co-criação, como fluência vincular.

Tendo em vista este conjunto de formulações, é imprescindível estabelecer as coordenadas mínimas responsáveis pela maior ou menor fluência vincular e seu conseqüente movimento existencial co-criativo, articulando-os à teoria do psicodrama.

Retomemos Aguiar, que, com toda a razão, me cobra amigavelmente "uma nova mirada da transferência", entreaberta pelos seus conceitos de vínculos virtuais e vínculos atuais, "pobrezinhos, tão desprezados ante a força de seu irmão mais velho, o de vínculos residuais, este sim, paparicado"[2] por mim em trabalhos anteriores.

Aguiar definiu, em 1990, uma sociometria dos vínculos a partir da relação entre projeto dramático, ou seja, o "critério" de escolha característico do teste sociométrico e o próprio resultado destas escolhas, traduzidas em reciprocidades e incongruências.

A este resultado chamou de vínculos estabelecidos.

Uma análise sociométrica destes vínculos estabelecidos teria que levar em conta, obrigatoriamente, a sua compatibilidade com o projeto dramático em questão.

Tais são, em resumo, as idéias de Aguiar.

Para tal tarefa seria necessário considerar "pelo menos três tipos de vínculos: os atuais, os virtuais e os residuais"[3].

Aguiar situa os vínculos atuais no plano da concretude e os residuais e os virtuais no plano da fantasia.

Embora estes últimos se encontrem igualmente no campo da fantasia, os vínculos residuais correspondem a vínculos atuais desativados no presente (morte, ruptura da relação ou afastamento).

Os virtuais são construídos apenas na imaginação, não correspondendo a nenhum vínculo real.

Eles representam a relação com personagens imaginários ou com personagens reais (ídolos, mitos) distantes da realidade concreta daquele que constrói internamente tal vínculo.

Sua existência se prende a um desejo sem complemento, um desejo de valência livre.

A forma como Aguiar compreende a transferência, à luz destas diferentes formas de vincular, leva em conta não só a divergência de um projeto dramático, uma incongruência de critérios sociométricos,

2. AGUIAR, M. Resenha do livro *Ainda e sempre psicodrama*, de Perazzo, S. *Revista Brasileira de Psicodrama*, v. 3, fascículo I, 1995, pp. 103-5.
3. Idem, *O teatro terapêutico: escritos psicodramáticos*. Campinas, Papirus, 1990.

como também a possibilidade ou não de confronto com o par complementar em cada tipo de vínculo.

Hierarquiza a sua força ao afirmar que os vínculos virtuais têm uma "configuração sociométrica mais estável ... uma vez que não estão sujeitos à confrontação com a realidade, nem no presente, nem no passado"[4].

Os vínculos residuais, por terem estado sujeitos no passado a esta confrontação, têm sua configuração sociométrica menos estável que os primeiros.

Por sua vez, os vínculos atuais, por estarem diante da permanente confrontação no presente, teriam sua configuração sociométrica menos estável ainda.

Aceitando o desafio de Aguiar, que enxerga aí um "rico filão a ser explorado"[5] e o seu convite para um aprofundamento da proposta de Moreno, me pergunto, inicialmente, o que pensar diante disso, não sem temer um escorregão neste momento em que caminho às apalpadelas.

Uma primeira reflexão nos coloca diante de um tipo de vínculo, o virtual, em que o desejo e a imaginação criam uma maior estabilidade sociométrica pela ausência de confronto. O movimento é apenas interno e a relação em si é ausente, despida que é de qualquer concretude. O vínculo se ajusta à oscilação do desejo e da imaginação.

O vínculo residual traz a memória ao primeiro plano.

Esta "memória" tanto pode estar presente como memória de fato, naqueles casos em que o vínculo residual corresponda ao que Aguiar chama de momentos superados, como pode estar inconscientemente impressa em modelos relacionais absorvidos e transpostos para outros papéis sociais. Este último caso, ainda fazendo parte do aprendizado de enfrentamento das mais diversas situações de vida, em múltiplos papéis.

Uma terceira possibilidade, ainda como vínculo residual, é a de esta "memória" impressa em modos relacionais através de papéis sociais ou mesmo psicodramáticos variados se constituir numa conser-

---

4. AGUIAR, M. *O teatro terapêutico: escritos psicodramáticos*, *op. cit.*
5. Idem, ibidem.

va paralisadora que comprometa a fluência vincular dos vínculos atuais, criando uma divergência de projetos dramáticos entre os integrantes do par complementar.

A co-criação (tele) está comprometida.

O vínculo atual, para Aguiar, estará contaminado pela transferência toda vez que não houver uma coincidência entre os projetos dramáticos dos envolvidos na relação.

O viver um vínculo atual exige um constante esforço de parte a parte, para perceber coincidências e discrepâncias dos projetos dramáticos e para fazer conjuntamente, co-criativamente, as correções de rota necessárias para o bom andamento da dinâmica relacional, através dos papéis sociais que definem tal projeto dramático comum.

Por este modo de ver, pelo menos teoricamente, a transferência que se presentifica num vínculo atual não está ligada necessariamente à interposição de um vínculo residual, introjetado como um modo relacional.

Bastaria uma divergência de projetos dramáticos. Um desacordo entre parceiros, como define Aguiar, parcial ou total.

Este desacordo pode implicar ou não a dissolução do vínculo como tal, dependendo da estrutura dos papéis envolvidos.

Na relação marido e mulher, por exemplo, os papéis se estruturam em torno de um projeto dramático de casamento que pode terminar e com ele os papéis sociais em questão.

Na relação pai-filho, a estrutura dos papéis, mais que socialmente, é dada também biologicamente, predeterminando o social e, em que pese até uma decisão de afastamento em face de uma discrepância de condução de um mesmo projeto dramático entre os dois, a relação de papéis é em si mesma indissolúvel, apesar de, neste caso, o do afastamento, o vínculo se transformar de atual em residual, mesmo que temporariamente.

Diante dessa sucessão de colocações, cabe então a questão: que relações podemos estabelecer entre cada tipo de vínculos (atuais, residuais e virtuais) e com alguns mecanismos que temos chamado de transferência?

1. A configuração sociométrica de um vínculo é dada pelas escolhas de sinal positivo, negativo ou indiferente, diante de um critério aplicado num dado momento.

O resultado, traduzido em mutualidade ou incongruência, não é nem pode ser estável, porque o próprio processo vincular supõe a aplicação implícita ou explícita de variados critérios sociométricos de escolha ao longo da história do vínculo em questão, refazendo continuamente as eleições deles decorrentes.

Esta reformulação de escolhas, por sua vez, depende do perceptual de cada um dos envolvidos em tal vínculo, o que não é imutável, tendo, portanto, também um caráter dinâmico.

Os ajustes deste perceptual, a reformulação das escolhas recíprocas e o estabelecimento de novos critérios de escolha dependerão da capacidade deste vínculo, que repousa na potencialidade espontâneo-criativa de seus integrantes, de criar e de suportar situações de confronto capazes de recriá-lo na direção da construção de novas mutualidades ou no reforço das antigas.

Estas situações de confronto devem ser entendidas não no seu sentido formal, do uso explícito da palavra, do tipo "uma conversa franca para limpar o vínculo", mas no seu significado mais abrangente e mais sutil que inclui qualquer movimento relacional de correção de rota.

Um simples olhar, por exemplo, pode ter o valor de um confronto.

Tais movimentos vinculares, aos quais se aplicam critérios sociométricos diferentes, tanto podem estar dirigidos a pequenos atos do cotidiano, até mal percebidos na própria relação ou por um observador externo, como também a momentos decisivos e cruciais de um relacionamento, de que dependem para a sua própria manutenção e sobrevivência.

Em última análise, estou afirmando que no processo de um vínculo podem ser construídos vários projetos dramáticos de maior ou menor importância e de maior ou menor comprometimento ou valor para cada membro do par vincular.

Tanto um vínculo pode estabelecer-se ao redor de um projeto dramático único e limitado, através de um único papel social que se complementa ao do parceiro, como pode se estruturar em torno de um projeto dramático mais amplo que se desdobra em vários outros projetos dramáticos.

Conseqüentemente, nesta última eventualidade, os papéis sociais envolvidos podem, igualmente, ser desdobrados em múltiplos papéis sociais sobressalentes, por assim dizer, subjacentes aos papéis sociais determinantes do projeto dramático inicial.

Por exemplo, um homem tira uma mulher para dançar numa festa, dançam uma única vez harmoniosamente e com visível agrado dos dois (mutualidade positiva) ou aos tropeços, torcendo para a música terminar (mutualidade negativa ou incongruência se um deles não percebe o desagrado do outro e insiste na dança).

Na hipótese de que nunca mais se vejam, estamos diante de um projeto dramático único e limitado, construído a partir dos papéis sociais de dançarinos.

Se, numa outra hipótese, a dança se constitui como pretexto de uma conversa, que desperta afinidades, talvez até preexistentes (uma atração sexual à distância, por exemplo), o que desemboca num namoro e depois num casamento, estamos diante de uma sucessão e progressão de projetos dramáticos, envolvendo cada vez mais outros papéis sociais, como aqueles jogos de encaixe em que se abre uma caixa e se encontra outra, e mais outra, e mais outra etc. etc.

No casamento, através dos papéis sociais de marido e mulher, poderão desempenhar os papéis sociais de amigos, de amantes, de administradores de uma casa, de pais dos mesmos filhos, de parentes dos mesmos parentes, de amigos dos mesmos amigos, entre eles ou em complementaridade com outras pessoas, fundindo seus respectivos átomos sociais.

Esta é uma demonstração de como a configuração sociométrica de um vínculo não pode ser estável, exigindo um esforço co-criativo contínuo para as reformulações necessárias.

Quanto mais projetos dramáticos se desdobram de um projeto inicial, quanto maior a variação ou a agregação de desempenho de diferentes papéis sociais no vínculo, maior a possibilidade de desacordo quanto a estes projetos dramáticos e maior a possibilidade de incongruências, podendo levar a uma mutualidade negativa de escolha quanto ao projeto dramático principal e determinante daquele vínculo.

Ou seja, no casamento citado, desacordos na relação com os filhos, com as despesas da casa, com as tarefas domésticas, com a relação com a sogra (mãe do outro), com as preferências e motivações sexuais etc., seriam capazes de estruturar um caminho irreversível para uma separação consensual ou de deflagração unilateral.

É claro que tudo aquilo que estamos aqui descrevendo se refere ao que ocorre no processo dos vínculos atuais.

Cabe ainda, nesta discussão, uma pequena observação que sirva como esclarecimento maior daquilo que estamos considerando como projeto dramático.

O termo, cunhado por Aguiar, é correlacionado pelo próprio autor ao conceito de critério do teste sociométrico, sem que seja utilizado exatamente como um sinônimo.

Parece-me, Aguiar não é explícito quanto a isso, que a sua intenção foi a de reservar o termo critério sociométrico para o substrato relacional que serve de base para as escolhas que são feitas num grupo na realização de um teste sociométrico — a tarefa que serve como finalidade de visualização de um vínculo e que estrutura os papéis sociais através dos quais os indivíduos se escolhem explicitamente nesta situação específica do teste.

A noção de projeto dramático envolve, é claro, um critério sociométrico de escolha, mas não se superpõe a ele porque engloba também um caráter vivencial, em que um certo movimento existencial está presente e em que as escolhas que são feitas podem se configurar até como implícitas.

Ou seja, no teste sociométrico se escolhe um critério, mais ou menos simultaneamente, a se colocar a si mesmo num dado papel social, imaginando cada um dos integrantes do grupo nos papéis sociais complementares e efetuando as escolhas.

Num projeto dramático algo é construído na relação através de papéis sociais iniciais, jogados complementarmente desde o início, a explicitação se evidenciando na própria ação (movimento) vincular.

Esta explicitação dinâmica tanto vale para a estrutura de tal projeto dramático, quanto para a manutenção ou substituição dos papéis sociais iniciais e das escolhas mútuas para o seu desempenho e complementaridade.

No exemplo da dança, o projeto inicial de dançar, num salão de baile, que impõe por si mesmo a situação da dança e os papéis sociais de dançarinos que dela decorrem, se constrói aparentemente por duas pessoas que se escolhem como parceiros.

O homem tira para dançar, e a mulher, à primeira vista, também o escolhe, já que aceita dançar com ele.

Isso se configura como uma mutualidade positiva de escolha, na hipótese de a mulher não se sentir apenas obrigada socialmente a não recusar o convite.

Durante a dança conversam, sentem-se atraídos um pelo outro e o projeto dramático de dançar juntos pode transformar-se num projeto dramático de namoro.

Os papéis sociais de dançarinos passam para um segundo plano e o eixo vincular se reconstrói através dos papéis sociais de namorados, novos critérios sociométricos sendo vivenciados, novas escolhas sendo feitas, implícita ou explicitamente.

Projetos dramáticos e papéis sociais são reformulados mais uma vez, até uma nova vinculação através do casamento, num amplo movimento existencial e processual.

E assim por diante.

O projeto dramático tem, portanto, um caráter e uma função fundamentalmente dinâmicos na estrutura de qualquer vínculo.

Há intrinsecamente nele, de fato ou potencialmente, uma inegável fluência vincular dependente das possibilidades co-criativas do vínculo em questão.

2. Se um vínculo virtual deriva do desejo e da imaginação para que possa se estabelecer na direção de um personagem imaginário ou de um personagem real distante de uma realidade vincular concreta (ídolos, mitos), o seu mecanismo de construção acaba sendo muito próximo ao da transferência.

Sendo esta um processo intrapsíquico, para o qual tem que estar presente, pelo menos, uma articulação entre inconsciente, desejo, fantasia e projeção, é fácil entender por que visualizamos entre ela e o vínculo virtual uma certa analogia.

Aguiar atribui aos vínculos virtuais uma dimensão de importância na construção das "motivações que impulsionam as pessoas no sentido da satisfação de suas carências"[6].

Supõe como uma possibilidade a "contaminação da sociometria atual pelos modelos e expectativas presentes na sociometria virtual"[7], o que "implica uma transferencialidade"[8].

Logo, o autor considera como possível o transporte de desejos e afetos de um vínculo virtual para um vínculo atual, entendido como um dos mecanismos possíveis da transferência.

Ora, os vínculos residuais, indiscutivelmente, podem "atualizar-se" transferencialmente nos vínculos atuais, inconscientemente ("memória" impressa), através de modos relacionais, por intermédio dos papéis sociais os mais variados, como já comentamos.

Seria lícito supor, portanto, que se tanto os vínculos virtuais como os residuais podem "contaminar" os atuais, os residuais também poderiam "contaminar" os virtuais.

Quem garante que o desejo e a imaginação capazes de estruturar um vínculo virtual não podem ter a sua origem num vínculo residual ainda composto de momentos e carências não superados, o desejo não satisfeito como fulcro da imaginação, como construtor de uma realidade suplementar no cenário psicodramático?

3. No capítulo anterior deste livro descrevo uma experiência pessoal que me fez concluir que "a transferência está presente em qualquer processo de co-criação, não sendo necessariamente destrutiva ou paralisadora, mas muitas vezes se constitui até como aquilo que movimenta esta co-criação, em razão da feição particular que adquire uma dada complementaridade de papéis, na própria ação de seu desempenho, viabilizando um projeto dramático manifesto (co-consciente) pela impulsão co-inconsciente de um projeto dramático latente"[9].

Quero "dizer com isto que os propósitos transferenciais co-inconscientes não necessariamente obstruem a co-criação"[10].

---

6. AGUIAR, M. *O teatro terapêutico: escritos psicodramáticos, op. cit.*
7. Idem, ibidem.
8. Idem, ibidem.
9. PERAZZO, S. *Ainda e sempre psicodrama*. São Paulo, Ágora, 1994.
10. Idem, ibidem.

Esta é uma questão delicada que, por um outro viés, me aproxima de Aguiar, porque envolve uma questão crucial em psicodrama, que é o que define e o que tem definido a transferência sob o ponto de vista psicodramático.

Se, para nós, esta temática ainda é um mistério, isto ocorre porque ela se constitui como um problema mal colocado, sobre o qual não formulamos as perguntas corretas, deixando de juntar as informações de que já dispomos.

O que me levou à afirmação que acabei de destacar foi a constatação de que a construção de personagens no teatro espontâneo se faz a partir de elementos indiscutíveis da subjetividade, alguns deles claramente ligados a vínculos residuais, alguns visivelmente transferenciais, outros não (no meu ponto de vista da época), e que tal fato não impede necessariamente uma fluência vincular na ação psicodramática, ou seja, a co-criação.

A questão é: chamamos a isto transferência ou não?

E ainda: é a transferência obrigatoriamente paralisadora?

Estamos diante de dois fenômenos da subjetividade, visíveis no jogo de papéis complementares, um paralisador, comprometendo a fluência vincular e a co-criação, e outro não?

Ou será um fenômeno único com dois desdobramentos?

Se Aguiar considera a possibilidade de um fenômeno de transferencialidade poder ocorrer nos vínculos atuais e nos vínculos virtuais, sem intromissão dos vínculos residuais, está implicitamente inferindo que os aspectos mais amplos da subjetividade podem interferir na dinâmica de qualquer vínculo, seja no sentido obstrutivo, seja no sentido da reformulação transformadora, o que penso reforçar a pertinência desta discussão.

Não é sem razão que ele considera a transferência como um caso particular do evento não tele.

Em tão pouco espaço[11], não me aventuro a tentar responder a questões tão difíceis.

Meu propósito é o de contribuir com mais um degrauzinho, feito

---

11. Originalmente, este capítulo foi publicado como artigo em *Leituras*, nº 14, 1996 e republicado em *Catharsis*, ano 3, nº 17, jan./fev., 1998, pp. 23-5.

de nossas dúvidas e contradições, para mais uma reflexão sobre a teoria do psicodrama. Mais um de seus múltiplos caminhos.

Retalhos poéticos recolhidos na música popular brasileira, fiapos sem sombra de dúvida criativos, fragmentos amorosos do cotidiano, nos falam de escolhas positivas, rejeições, perceptual, mutualidades, incongruências, subjetividade, identificação, imaginação, desejo e, se quisermos enxergar assim, até de transferências, obstruções e fluências vinculares:

"Que mistério é esse que você tem
que quando você sofre eu não passo bem?"[12]

"Desde o início estava você
meu bálsamo benigno, meu medo é meu
champagne..."[13]

"...se olhar para ti estou olhando para mim
mesmo
tenho fé na loucura de acreditar que sempre
estás em mim"[14]

"vida então me diz em que parte do amor me
perdi"[15]

"sabe eu não faço fé nessa minha loucura
eu não gosto de quem me arruína em pedaços
e eu não mereço um beijo partido..."[16]

Ou então Paulo.

O mesmo Paulo que um dia tirou Fernanda para dançar e que acabou construindo com ela um projeto dramático de casamento.

Em dois anos, tal projeto jamais se configurou como um acordo na prática de suas desavenças.

---

12. "Mistério". Naila Skarpio e Guto Graça Mello.
13. "Meu bem, meu mal". Caetano Veloso.
14. "Doce presença". Ivan Lins e Vitor Martins.
15. "Clara paixão". Nonato Buzar, Rosinha de Valença e Sarah Benchimol.
16. "Beijo partido". Toninho Horta.

Um retrato claro da imposição das dimensões individuais latentes deste mesmo projeto dramático manifesto, suas razões subjetivas (transferenciais? também transferenciais? também não-transferenciais?) co-inconscientes.

É sua força maior que acaba determinando nele, que tanto desejou a separação, propondo-a explicitamente (mais isso é outra história), não poder evitar o sentimento de se sentir traído e abandonado quando ela demonstra criar um novo projeto dramático que não o inclui.

É este mesmo Paulo que me diz, melancólico, fechando a sessão, ao se referir a Fernanda: "Deixou o vestido de noiva, mas levou o *laptop*".

14

AINDA O *LAPTOP*

Ao professor Dutra jamais ocorreu que, depois de transcorridos tantos anos, pudesse ser considerado o legítimo e informal precursor da Lei de Murphy, encanto e xodó dos executivos e administradores deste fim de século.

Sua figura machadiana, que nos transportava todos aos rodeios de infidelidade e desconfiança de Capitu e Bentinho, nos idos das aulas de português nos anos 50, não sobreviveu para ver a consagração do que ele mesmo chamava com a mais fina ironia, muito mais bem-humorada que os manuais cibernéticos dos pós-graduados da Fundação Getúlio Vargas, de a "Lei da Implicância Natural das Coisas".

Com a mídia de hoje, naquela época, seria a "Lei de Dutra" e não a "Lei de Murphy". Aliás, muito mais simpática e criativa a "Lei da Implicância Natural das Coisas".

Dizia o Dutra — que por sua idade avançada e por um andar inclinado para o lado, vergado que era pela pasta abarrotada de literatura luso-brasileira de primeira qualidade, era apelidado perversamente por nós, moleques, de "Pé na Cova" — que bastava, num dia de chuva, querermos um táxi para só passar bonde ou, num dia de sol, ansiarmos por um bonde para só desfilar por nossos olhos uma frota inteira de táxis vazios e convidativos.

Pois bem, contrariando a todas as expectativas, implicantemente, o que faz um sobrinho de um ex-oficial da SS nazista e de uma plácida velhinha germânica, com usufruto de um castelo na Bavária, visitar o Cemitério dos Mortos da Guerra da Coréia, em Washington, e o Cemitério Militar de Arlington, em sua primeira viagem turística fora do Brasil?

Voltemos, pois, só para aborrecer um pouco o leitor, só para ser do contra, mais uma vez, ao *laptop*.

Deixamos lá atrás, no capítulo anterior, uma indagação não suficientemente respondida, que é a de se perguntar o que explica a transferência não ser necessariamente impeditiva da fluidez vincular, ou seja, da co-criação.

Pensando numa outra direção, estaríamos lidando com um ou dois fenômenos da subjetividade sob o nome único de transferência?

De psicodramatistas que falam sobre transferência, destaco algumas observações de Levy, Scavassa e Aguiar.

Laurice Levy, concordando com algumas colocações minhas sobre a compatibilidade entre co-criação e transferência, acrescenta: "É claro que se um ser humano transferisse *apenas* seus núcleos patológicos, este indivíduo seria muito pouco espontâneo e criativo. Mas certamente não é sempre assim. Muito pelo contrário, a transferência é inerente a todos nós (...) todo psicanalista sabe, que mesmo a chamada 'transferência negativa' não é incompatível com a criação"[1].

De Scavassa, que também afirma a sua convicção sobre a presença inevitável da transferência nas relações humanas, temos: "A transferência guarda suas características de inadequação para o momento, é sentida como tal pelo outro da relação, que também denota sua extemporaneidade"[2].

É ainda ele que expõe o ponto de vista de que tanto o psicodrama quanto a psicanálise são, num certo sentido, truncados. O primeiro desestimulando a transferência e a segunda a atuação, no que diz respeito à sua instrumentalização. Propõe, bem-humoradamente, "um

---

1. LEVY, L. Por uma visão holística do homem. Monografia apresentada à Delphos Espaço Psico-Social, Rio de Janeiro, 1998. Não publicada.
2. SCAVASSA, A. J. Transferência e psicodrama. *Revista Brasileira de Psicodrama*, v. 5, nº 2, 1997, pp. 67-80.

Psicodrama Transferencial (*Transdrama*) ou uma Psicanálise Atuadora (*Dramanálise*)"[3].

Em outro trabalho mais recente, nos brinda com o que ele denomina "A Experiência Psicodramática de Freud", muito interessante e curiosa, por sinal, em que no *setting* psicanalítico "transferencial" uma paciente do criador da psicanálise atua e dramatiza livremente os seus conflitos para ele, na própria residência dela.

Aguiar dá importância à transferência apenas na medida em que ela pode interferir de alguma forma nas circunstâncias de ocorrência ou não do fenômeno tele, entendido sempre como co-criação ou espontaneidade coletiva.

De uma forma muito engenhosa, ele nos oferece duas possibilidades de tratar o conceito sob uma ótica psicodramática.

Levando em conta que para a co-criação é necessário um acordo entre parceiros quanto ao projeto dramático que estão vivendo ou se propondo a viver, quando um desacordo acontece, não havendo mais, portanto, uma co-criação, descortina-se o que Aguiar denomina de evento não-tele ("viver um projeto dramático presente como se estivessem vivendo um outro")[4].

Esta não só seria a caracterização da transferência, como, em tal situação, configurando o evento não-tele, "passaria a constituir-se, nessa re-conceituação, um evento do campo das inter-relações"[5].

Ora, é o próprio Aguiar que nos diz que "intra e interpsíquico (...) são apenas diferentes ângulos de uma mesma 'realidade'"[6].

A segunda possibilidade é a novidade do conceito de co-transferência, outra criação de Aguiar.

A questão fundamental desta sua nova proposta é a de considerar a transferência não na sua concepção psicanalítica ligada a conteúdos afetivos e à sua instrumentalização, mas ao seu entendimento através da psicologia da aprendizagem, em que se incorporam modelos de conduta, transportados pelo efeito cacho ou feixe (*clusters*) de papéis para outras situações.

---

3. SCAVASSA, A. J., *op. cit.*
4. AGUIAR, M. *Teatro espontâneo e psicodrama*. São Paulo, Ágora, 1998.
5. Idem, ibidem.
6. Idem, ibidem.

Em suas palavras, neste modo de ver: "tele seria sinônimo de uma boa co-transferência"[7].

E o que tem a ver com isso o "caricha" que ficou de pé em Arlington, em plena garoa, examinando as lápides, procurando desenterrar heróis do passado?

Absolutamente nada. Que eu saiba. Ou, quem sabe, tudo. Mais uma aplicação espúria da "Lei da Implicância Natural das Coisas"?

Ora, uma das conclusões a que chegamos, observando as formas tão diversas de examinar a transferência, é que tanto ela pode ser considerada uma força que paralisa quanto uma força que movimenta. Ou, talvez, que possa atuar simultaneamente nos dois sentidos.

Tomando o modelo psicanalítico clássico, um impasse conflitivo qualquer leva o sujeito a transferir afetos para o seu analista na esperança da satisfação de seus desejos.

Este, por sua vez, experimenta a vivência da contratransferência, configurando, na verdade, entre os dois, uma "co-transferência" (lembremos que Moreno considerava a contratransferência como sendo a transferência do terapeuta) que atua produtivamente no processo de análise.

Numa perspectiva psicodramática, o sujeito constrói sozinho um projeto dramático em que tenta encaixar o seu analista a qualquer custo, que, por seu lado, procura retomar a rota, não só oferecendo a ele o projeto original (de "fazer" e de co-vivenciar a análise), como rejeitando qualquer outro projeto dramático que porventura brote de seu próprio desejo, tentando retomar entre os dois a co-criação para aquele projeto dramático predeterminado.

Com este pequeno exemplo, fica a questão de que a co-transferência também pode ser vista no plano de uma simultaneidade vivida no campo dos conteúdos afetivos, mais que só no da psicologia da aprendizagem de transposição de modelos.

Olhando desta forma, é natural, pois, que tanto Levy quanto Scavassa, psicodramatistas fortemente influenciados também pela psicanálise (no bom sentido) e citados aqui, não por acaso, tendam a visualizar a transferência ora no seu sentido paralisante ligado a um

---

7. AGUIAR, M. *Teatro espontâneo e psicodrama*, *op. cit.*

"núcleo patológico", ora no seu caráter deslocado, ora na sua peculiaridade instrumental, mesmo admitindo a "normalidade" de sua ocorrência humana.

Tudo depende da forma de complementaridade de papéis que se estabelece na relação.

Um terreno inter-relacional pode estar fortemente impregnado de transferências, de parte a parte, como numa situação específica de paixão, por exemplo, e a complementaridade de papéis se estabelecer em razão da função necessária para tal consecução que o outro está representando naquele momento e com a mesma demanda recíproca.

Ou seja, um sujeito constrói dentro dele uma dimensão individual de um projeto dramático e encontra um outro sujeito que também construiu, por seu lado, algo parecido (levantamento de expectativas).

Se o contato entre os dois desperta afetos que, pelo menos, em parte estão ligados a vínculos residuais ou mesmo virtuais (ídolos, mitos), a relação que se estabelece se encontra parcialmente impregnada por transferências de dupla direção — uma co-transferência neste sentido (diverso do sentido dado por Aguiar), o da simultaneidade, não importando se conteúdos afetivos ou modelos.

Ora, o desejo intenso de levar adiante tal dimensão individual de um projeto dramático como que obscurece a imagem daquele outro, que passa a se destacar, predominantemente, pela função que ele pode desempenhar, complementando papéis e fornecendo a metade que falta para dar andamento aos seus propósitos.

Tal fenômeno acontecendo também no outro pólo da relação cria um movimento paradoxal de disposição co-criativa sobre um campo de "irrealidade" parcialmente co-transferencial.

Ninguém nos convencerá, mesmo porque todos nós já nos apaixonamos desta forma alguma vez na vida, que tal perfil de relação não resulte em co-criação enquanto durar a chama, que dure no tempo que durar, justamente até o ponto em que esta função do outro estiver sendo necessária.

É por isso mesmo que a carga de sofrimento experimentada pela situação de separação, nessas circunstâncias, depende do quanto esta função do outro está esgotada para si mesmo, o que pode ocorrer simultaneamente ou não. Um sofrerá mais, menos ou "igual" ao outro, ou não sofrerá, dependendo disso.

Tomando, por outro lado, o conceito de co-transferência, definido por Aguiar, o da transposição de modelos no caminho e na estruturação de um aprendizado, podemos imaginar outras eventualidades.

A bem da verdade, nas relações humanas estão ocorrendo transposições de modelos todo o tempo.

Aquilo que se aprendeu numa dada relação é experimentado em outra, nem sempre guardando uma relação de adequação quanto ao papel social específico envolvido.

Uma coisa é o comportamento condicionado estratégico aprendido passando por vários tipos de relações, e outra é a emergência irreprimível de emoções que uma dada configuração vincular nos desperta.

Deste modo, é possível viver a co-transferência como algo produtivo se uma experiência pretérita serve de base para uma nova construção relacional, com sucesso, na construção de novos projetos dramáticos. Seria usar a espontaneidade criadora, que incorpora a historicidade, para um movimento que se propaga, co-criativamente, através do cacho de papéis.

Por outro lado, a inadequação da transferência de afetos, que tem origem num outro *locus* com seu *status nascendi* único e singular, não necessariamente invalida a possibilidade de a co-transferência produtiva, no sentido do aprendizado, poder estar também acontecendo paralelamente.

O que estou querendo dizer com isso é que esta forma de co-transferenciar pode ser co-criativa, imprimindo fluidez à relação, mas não impede que, neste fluir, se esbarre, ao mesmo tempo, com a emergência de afetos, a partir de um estímulo desencadeante qualquer, que projeta a experiência co-transferencial para um segundo nível concomitante, o do conteúdo afetivo, em que um certo grau de paralisação pode ou não surgir.

O inverso também pode ocorrer.

No domínio de uma carga transferencial de razoável conteúdo afetivo, a experiência co-transferencial do processo de aprendizado pode prevalecer, a ponto de não impedir a fluidez relacional, apesar da distorção transferencial dos afetos num primeiro nível.

Em outras palavras, estou procurando enfatizar que talvez a experiência ou vivência transferencial ou co-transferencial seja muito mais plástica do que, em geral, se imagina, em se tratando, aqui, apenas de um aperitivo ou, se preferirem, como eu pretendo, uma primeira aproximação, quase que só um pequeno comentário, complementando a porta deixada aberta no capítulo anterior.

E o tal sujeito, parado lá no meio do cemitério americano? Só para contrariar?

Não vamos nos deixar tomar por um excesso de psicologismos, interpretando tudo pelo reducionismo de uma visão apenas psicológica.

Nem vamos nos investir de uma megalomania psicodramática, acreditando que a atuação espontânea na cena do psicodrama é a criação irretocável, terapêutica ou estética, que ninguém pode alcançar, negando a produção da própria vida transformada em bem cultural, patrimônio tombado e disponível de todos nós.

O tal sujeito parado, apesar dos tios germânicos, tanto pode estar exorcizando os terrores do nazismo ou lutando, subjetivamente, com seus fantasmas pessoais, mais cruéis até que os carrascos da SS, como pode, igualmente, pela "Lei de Dutra", estar contrariando as coisas, estar vivendo placidamente um momento de paz consigo mesmo, não importa se num cemitério, num passeio exótico e extravagante de um turista. Nem tudo parece o que é. Quem saberá ao certo?

15

UM OVNI NA JANELA DO COMETA

A Aluisio Collares (*in memorian*)

Antes que a memória se torne uma questão de artérias, vou buscar o Aluisio no baú de minhas recordações.

O Aluisio era um amigo extraordinário, capaz de passar rapidamente do humor mais cáustico e hilariante ao lirismo mais delicado e comovente.

Pois bem, muitas vezes fui testemunha, nos plantões que dávamos juntos num hospital psiquiátrico, nos idos dos anos 60, do quanto o Aluisio, um sujeito raro, amava de fato os seus pacientes.

Poucas vezes presenciei num colega um interesse tão genuíno pelo vivente-sofrente que a ele chegava clamando por atendimento.

Lembro-me, com toda a clareza, de uma vez que irrompeu pelo saguão do pronto-socorro um homem descabelado e messiânico em pleno delírio. Os plantonistas efetivos tinham dado um pulo à padaria mais próxima para tomar um café, nos deixando dois quintanistas estagiários, inexperientes, em seus primeiros contatos com a loucura, apavoradamente sozinhos, à mercê das alucinações que porventura nos passassem pela frente.

O Aluisio prontamente lhe perguntou se viera a pé ou de ambulância, ao que o outro respondeu compenetrado: "Vim caminhando por sobre as águas da Baía da Guanabara".

Foi aí que assisti atônito ao Aluisio ajoelhar-se no chão de ladrilhos e responder no mesmo instante, com as mãos postas: "Jesus, você voltou?". E assim entrou no universo dele, sem qualquer traço de deboche ou constrangimento, conversando descontraidamente sobre tudo, tão serenamente quanto Moreno deveria ter conversado "pessoalmente" com "Adolf Hitler", décadas antes. O mesmo Moreno de quem, naquela época, jamais ouvíramos falar.

Em outra ocasião, o Aluisio me contava de um paciente anônimo, de suas dúvidas quanto a certas asperezas da vida e de suas preocupações quanto ao que seria melhor fazer no papel de psiquiatra, diante de determinadas circunstâncias, em que a doença temporária acaba sendo uma alternativa menos dolorosa do que a miséria permanente.

Tratava-se de um motorista de ônibus, a camisa cáqui aberta ao peito, suada dos quarenta graus do Rio em pleno janeiro de Janeiro, um incisivo de ouro faiscando o verão pleno, alternando o verde e o vermelho de todos os sinais de trânsito na linha Olaria—Copacabana, dia após dia.

Eis que, de repente, sem aviso prévio, do assento de plástico recoberto com a capa branca de fustão, com a imagem de São Jorge bordada pela mãe, o nosso motorista se transforma num piloto de uma nave espacial em busca do dragão subjugado pelo santo guerreiro, bem no meio da lua, alunissando alucinado, aos saltos, bem antes do passeio e do grande passo de Neil Armstrong.

O dilema do Aluisio era decidir se aplicava uma ampola de Haldol na veia do motorista, fazendo-o aterrissar no barraco da favela onde morava, cuja vista do buraco que fazia as vezes de janela não era, nem de longe, um bucólico riachinho, mas, sim, o esgoto a céu aberto, ou se o deixava para sempre pilotando a nave espacial.

Assim era o meu amigo Aluisio, que foi embora tão cedo depois de ou talvez por viver tão intensamente.

Tudo isso me veio à mente a propósito de um cliente que me falava de sincronicidade e que me contava de como se deparou um dia com as luzes brilhantes de um OVNI. Foi assim o "causo":

Viajava ele num ônibus da *Viação Cometa*, de cometa, portanto, por uma estrada do interior. Ao seu lado, a namorada, ambos cicatrizando com o outro as feridas de casamentos anteriores. No seu peito cicatrizava a incisão de um recém-safenado que, havia alguns anos, como letra de samba-canção, se consolava em álcool, de cigarro em cigarro. Seu trabalho e até mesmo a sua sexualidade careciam da mínima injeção de ânimo capaz de infundir-lhe um pouco de brilho e de vigor. Nada mais cinzento, cor que borrava de penumbra todos os seus papéis. Pensava nisso, olhando para fora, pela janela do cometa, enquanto suas mãos apertavam, com uma certa aflição, as bolinhas de espuma de borracha que lhe serviam de fisioterapia, quase permanente, na recuperação de sua força muscular.

Foi então que divisou, no céu escuro, uma fileira de luzes brilhantes de uma nave espacial, um objeto voador não identificado. Entusiasmado, chamou o testemunho da companheira e de duas velhinhas do banco de trás e ficaram os quatro deslumbrados, plenos de interjeições, fazendo ponte com as forças do universo.

Assim ele me contou e, diante dele, fiquei meio sem saber se acreditava ou não na história, se buscava um item qualquer na classificação dos mecanismos de defesa do ego, refugiado em minhas reticências lógicas, até decidir não se tratar de uma questão em que importasse uma comprovação de veracidade. Tratava-se simplesmente da sua verdade psicodramática e poética. E se era algo mais que aquilo que poderíamos chamar de realidade, o que valia mesmo era verificar se este instante iluminado passava a aclarar o seu cotidiano, num movimento de "encontro" consigo mesmo e com o outro. Se assim fosse, nada mais que estarmos diante de um fragmento de uma "realidade suplementar" recém-criada a partir do OVNI na janela do cometa.

O que eu me perguntava, então, era como a qualidade daquilo que é assim vivido, ou seja, daquele algo mais que nos dá a realidade suplementar, se incorpora a um modo de ser nos pequenos atos do dia-a-dia e de como isto acaba por envolver todos aqueles que, de alguma forma, se relacionam e se aproximam desta verdade psicodramática e poética, que alguém desencadeia como uma contaminação existencial. É como propagar um vir-a-ser de um viver metaforicamente.

O meu amigo Aluisio, por exemplo, no auge da repressão política da ditadura dos anos 60, era presidente do diretório acadêmico e, aos domingos, íamos com o seu pai às tardes do Maracanã. Uma folga dos estudos e da política universitária.

Na primeira vez que fomos juntos a um Fla-Flu, ele me apresentou ao pai, um coronel da Aeronáutica, a quem se dirigia sorridente e carinhosamente como o "Velho Cão Reacionário". Recebia de volta, também com todo o carinho, a forma de tratamento "Afilhado do Che". Ambos se amavam explicitamente, ambos se respeitavam e se admiravam mutuamente e pulavam abraçados na arquibancada a cada gol do Flamengo, rubro-negros doentes que eram, tanto o "Velho Cão Reacionário", como o "Afilhado do Che". Eu torcia pelo Fluminense e nessas horas os dois eram mais importantes do que a bola no gramado ou a derrota do meu time. Eu me esquecia do jogo.

Muitos anos mais tarde, voltei a encontrar o Aluisio em São Paulo perto da Avenida Paulista. Estava hospedado numa suíte do Maksoud Plaza e me contou que enriquecera ganhando na loto. Embora me falasse sério, até hoje não tenho certeza se esta história era "mais uma do Aluisio".

Esta verdade psicodramática e poética, que me contaminava, chegou ao extremo na festa de nossos 25 anos de formados. Todos estavam lá, menos o Aluisio. Até que veio a notícia durante o jantar. Um mês antes ele morrera em plena churrascaria, em Ipanema, engasgado com um pedaço de maminha de alcatra.

Esta história, de um macabro desfecho insólito, só poderia ser do Aluisio. Ficamos todos esperando, até o fim da festa, que ele irrompesse pelas portas do Iate Clube, às gargalhadas, rindo de nossas caras aparvalhadas.

Mas neste dia só veio mesmo um temporal que desabou implacável como se todo o Rio de Janeiro jamais se consolasse por aquela morte.

Voltamos para casa encharcados sem saber exatamente de quê. Se da água da chuva, se de tristeza, se da surpresa, se da dúvida, se da sensação de que alguma coisa vive mesmo depois de morta. É como se esta "realidade"-verdade psicodramática e poética tivesse de tal forma se entranhado dentro de nós, que tudo aquilo que vivêssemos só pudesse ser experimentado com um misto irreversível de realidade e fantasia. Era o resultado da criatividade de um sujeito deflagrando um processo de criação coletiva. A bem da verdade, quem garante que a chuva naquela festa não é obra da minha verdade psicodramática e poética? Consultem, se quiserem, os boletins meteorológicos daquela data para comprovarem ou não as lágrimas do céu carioca. É quase como viver o natural do sobrenatural.

A maturação de um processo criativo passa obrigatoriamente pelo erro construtivo, pela construção da metáfora, pela nomeação dos sentimentos e das sensações e culmina com o extravasamento poético das emoções buscando algum nível vivencial de compartilhamento, que se incorpora na construção co-criativa de uma realidade suplementar que, por sua vez, permite viver uma verdade psicodramática e poética.

A pedagogia nos desperta a atenção para aquilo que ela chama de erro construtivo. Tais erros, na verdade, são acertos lógicos decorrentes de uma maturação criativa capaz de estabelecer analogias complexas, que só não são perfeitas porque estão fora de um universo de convenções, de exceções, ainda fora do alcance do conhecimento da criança, não domada ainda pelas regras.

Assim, minha filha é capaz de dizer: "Que chuva chata! Não dá pra brincar lá embaixo, não é, pai? E se eu 'isse' na casa da Sofia?"; ou de escrever "Cerjo" no lugar de Sérgio.

No primeiro caso, o que surpreende, numa criança pequena, é a capacidade de apreender um tempo verbal da dimensão do subjuntivo e de conjugá-lo corretamente, acrescentando um sufixo próprio ao verbo no infinitivo. Para isso, foi necessário perceber uma disposição interior que a movimentasse para a casa da amiga, um desejo recém-descoberto, recém-detectado, uma alternativa encontrada em face da impossibilidade que a chuva-pai estabelece para o primeiro desejo, ou seja, brincar lá embaixo.

Ora, a chuva não é um impedimento em si para a realização do seu desejo. Para uma criança tanto faz se está ou não chovendo para querer brincar lá embaixo. A chuva apenas passa a conter a proibição dos pais. Basta chover para que ela saiba que não pode brincar lá embaixo.

A primeira parte da frase contém o protesto "Que chuva chata!", que pode incluir a chuva e o pai e um pedido de confirmação da proibição e a sua reelaboração em "Não dá pra brincar lá embaixo, não é, pai?". Nesta primeira parte da frase estão contidos presente e passado. No presente o desejo e a impossibilidade. No passado a proibição que a impede de pedir apesar da chuva.

A saída é encontrada no subjuntivo articulado à conjunção "se" que explicita um segundo desejo e em que se depreende um novo pedido de permissão condensado em "E se eu 'isse'...?". Esta complexidade de operações mentais, permeadas todo o tempo por desejos e sentimentos, encontra na conjugação verbal correta a sua saída criativa.

A criança aprendeu aqui a percorrer todo o circuito de comunicação das suas alternativas de desejo. Só não foi apresentada ainda ao universo de nossas exceções lingüísticas, em que o verbo ir, irregular, se transforma, no subjuntivo, do esperado "isse" no surpreendente "fosse". Por isso o erro é construtivo.

No outro exemplo, o da escrita, "Se" e "Ce" têm o mesmo som. "j" e "g" freqüentemente também. A ausência do "i" reproduz a forma falada, pelo menos em algumas regiões do Brasil, em que a pronúncia encurta ou come o "i" de Sérgio, como eu mesmo faço. Uma criança paulista escreveria Espanha e uma carioca poderia escrever "Expanha", por exemplo. "Cerjo", portanto, representa a reprodução correta dos sons que lhe chegam ao ouvido e até a sua variação regional, um erro construtivo à espera da distinção entre linguagem falada e escrita e de certo emprego de "j" e de "g" diante de vogais diferentes, um preciosismo que inclui exceções.

O desejo, pois, queiramos ou não, se expressa de qualquer forma, perfeitamente ajustado ou não a um sistema de convenções que normatiza uma forma de simbolizá-lo. Ao verbo que o nomeia se acrescentam a mímica e a expressão corporal que o refletem com maior ou menor clareza, dependendo da força de nossas contenções. Quando muito, se a sua leitura em nossa expressão é difícil, é possível, no mínimo, perceber em nosso corpo a resultante de nossas inibições e paralisações nos gestos tímidos, na pouca ampliação afetiva de nossos movimentos corporais, no sorriso amarelo, no timbre e na altura da voz etc.

De qualquer forma, o aprendizado da leitura e da expressão dos sentimentos, sensações e emoções, em si mesmo e no outro, através de uma linguagem corporal, também atravessa os estágios do erro construtivo como na linguagem falada e escrita.

Em outras palavras, há um longo caminho percorrido pelo ser humano no sentido de reconhecer e expressar os próprios sentimentos, sensações e emoções e de aprender a nomeá-los, através de um agrupamento de sons e de símbolos grafados, linguagem falada e escrita, que se constrói através de um exercício de percepção, analogias e experimentação, que tem na reação do outro a confirmação ou não daquilo que é capaz de perceber e de expressar. Cada um de nós é ao mesmo tempo farol e espelho do desejo. Sinaliza os próprios sentimentos, sensações e emoções, frutos do próprio desejo, e reflete os sentimentos, sensações e emoções, frutos do desejo do outro.

Mario Ruopuollo, o carteiro de Neruda, personagem do filme *O carteiro e o poeta*, no forçado retiro italiano do poeta, vai buscar no som concreto das forças da natureza, não só a sua descoberta da metáfora, mas a metáfora suprema da própria poesia.

Nomear sutilmente os sentimentos, sensações e emoções, para além dos rótulos da simples angústia, paixão, tristeza ou alegria, é, mais que vivê-los, transcendê-los. Desdobrá-los poeticamente à medida que o fluxo de sentimentos, de emoções e de sensações nos toma como uma cascata que inevitavelmente parece a mesma e nunca é a mesma, é mais que uma miragem além de qualquer estratagema. A água que ali está não mais está dentro da mesma imagem e enquadramento. Nenhum sentimento, sensação ou emoção, mesmo que tenha o mesmo nome, nunca é o mesmo dentro de nós. O cenário é aparentemente igual, mas a água já se foi, apesar da ilusão da mesma água.

A metáfora é a comunicação de um sentimento que nos extravasa. É grande demais para não ser comunicado. Pede um compartilhamento e, por isso, a metáfora é um meio de provocar no outro um sentimento que se aproxime do nosso, de criar um vaso comunicante no outro para aquilo que nos transborda.

A metáfora, senso estrito, "é o fenômeno pelo qual uma palavra é empregada por semelhança real ou imaginária"[1]. Assim, "dentes do pente, pé de mesa, chegar (do latim *plicare* = dobrar, porque no fim da jornada se dobravam as velas do barco)"[2] etc.

O carteiro do poeta é tomado de sensações, emoções e sentimentos diante da balconista do bar que desperta intensamente o seu desejo. Tudo lhe extravasa na sua expressão e ação paralisadas. A sua saída criativa é a metáfora que aprende a utilizar direta ou indiretamente através de Neruda. Mais que isso, nem sabe que é capaz da metáfora, ou seja, um novo jogo de convenções de linguagem, um jogo de analogias, de uma certa forma já exercitado antes na construção de erros construtivos de linguagem, capaz de fazer cair por terra a comunicação convencional e capaz, mais ainda, de espelhar, numa certa medida de grandeza, aquilo que lhe vai na alma.

É através da criação de uma seqüência de metáforas e da forma como esta seqüência é expressada, que o transbordamento do desejo através de sensações, emoções e sentimentos é comunicado à balconista do bar, tecendo uma teia de paixão mútua e desta forma compartilhada, desejo contra desejo.

Mario Ruopuollo se transforma de um bruto aparente em um domador consciente de suas próprias metáforas.

Jane Austen, em contraponto, esbanja percepção e maestria na descrição das sutilezas amorosas, em que todas as metáforas são cabíveis, em *Razão e sentimento*, levado às telas recentemente no filme *Razão e sensibilidade*. A autora é capaz de tal proeza apesar da sua conhecida vida amorosa contida e reprimida e praticamente quase ausente, nos idos oitocentistas de uma Inglaterra imediatamente pré-vitoriana.

O desejo, portanto, vivido intensamente na imaginação, extravasa ou não no relacionamento amoroso, pleno de metáforas, como um rebuscamento das analogias de linguagem aprendidas com o erro construtivo.

Ora, os textos psicodramáticos, utilizando a metáfora da reação química, definem a espontaneidade como um catalisador. O resulta-

---

1. ALMEIDA, N. M. *Gramática metódica da língua portuguesa*. 31ª edição, São Paulo, Saraiva, 1982.
2. Idem, ibidem.

do teórico que comprovamos no psicodrama contemporâneo é o paradoxo configurado pelo fato de a espontaneidade ser mais estudada e citada que a criatividade. Ou seja, o catalisador é mais estudado que os reagentes, o processo e o resultado final da reação química. No mínimo, curioso, para não dizer mais que insuficiente.

Teorizar, portanto, sobre os processos criativos, é teorizar sobre a própria essência do psicodrama, em que a atuação da fantasia e da imaginação como palco do desejo nos obriga a articular o caminho de construção da metáfora com o conceito de realidade suplementar e de verdade psicodramática e poética. Daí o meu amigo Aluisio. Daí o OVNI na janela do cometa.

A realidade suplementar é uma dimensão invisível da "realidade" da qual o protagonista se apodera enquanto vive a ação psicodramática.

Na verdade, a "realidade" da cena do psicodrama é a expressão atuada da sua fantasia e da sua imaginação, configurada por seus sentimentos, sensações, emoções e percepção, através do jogo complementar de papéis psicodramáticos, em busca de um *status nascendi* novo de um melhor vir-a-ser-individual e de um melhor vir-a-ser-com-o-outro.

Este *status nascendi* pode ser atuado no cenário psicodramático, pela primeira vez, no momento em que se desvela a trama oculta do protagonista, injetando uma luz nova à cena dramatizada, um *plus* de "realidade", que permite a ampliação do possível desfecho dramático. Nada mais que a "realidade" ampliada da cena psicodramática, uma realidade suplementar.

Ora, esta "realidade" da cena psicodramática está, aqui, entre aspas porque ela é montada a partir de semelhanças reais ou imaginárias com as cenas do dia-a-dia vividas através dos papéis sociais. Neste sentido ela é, portanto, metafórica, bem como metafórica igualmente se constitui a realidade suplementar.

Se, por outro lado, a metáfora é um transbordamento de tudo aquilo que se vive internamente e que se quer comunicado ao outro, num movimento de também envolvê-lo em nossos sentimentos, sensações e emoções, a cena psicodramática é, mais que isso, um transbordamento atuado e ampliado no apoderamento para si e na propagação para o outro de uma realidade suplementar — uma conseqüência e um resultado co-criativos.

Mais ainda, a vivência da incorporação e da propagação no outro desta realidade suplementar na cena do psicodrama, através dos papéis psicodramáticos, leva naturalmente à sua extrapolação para as cenas do cotidiano, através dos papéis sociais, num movimento que lhe é subseqüente.

Em outras palavras, o novo *status nascendi* da relação consigo mesmo e com o mundo, que a incorporação de uma realidade suplementar deflagra, se consolida depois, num processo do cotidiano, fora da cena dramática, pelo efeito cacho (*cluster*) no jogo complementar dos mais variados papéis sociais. O que ocorre no palco psicodramático continua, pois, na vida e é este processo que chamamos de conseqüências de uma catarse de integração.

Este algo mais de "realidade" é algo mais de si mesmo, um vivenciar metafórico encorpado pela ação dramática e incorporado como uma verdade psicodramática e poética.

É esta verdade psicodramática e poética aquilo que se leva de novo, de si mesmo, realidade suplementar incorporada, como uma disposição criativa que, até então, não se tinha. É esta disposição criativa que nos torna capazes de repetir na vida o mesmo movimento expansivo, iniciado e vivenciado no cenário do psicodrama, de atuar metaforicamente sentimentos, sensações e emoções, trazendo para si o outro no mesmo balanço que nos leva a ele. É como tornar-se um poeta único de si mesmo, cuja poesia é vivida a cada momento, a cada dia, apoiada nos limites da realidade, no centro do palco da própria existência. Atuar a própria verdade, que inclui a fantasia, o desejo e a imaginação, não mais um coadjuvante do enredo da sua própria vida.

É precisamente isto que me encantava, sem o saber exatamente, no meu amigo Aluisio, a sua capacidade natural de viver integralmente a sua verdade psicodramática e poética, seja abraçado ao "Velho Cão Reacionário", comemorando o gol do Flamengo, seja como milionário da loto e até mesmo deslizando com "Jesus" por sobre as águas da Baía da Guanabara ou dirigindo a "nave espacial" *Olaria—Copacabana*. Tanto foi assim, que até a sua morte é uma dúvida na eternidade, até me fazendo crer que o céu do Rio de Janeiro chorava por sua ausência.

É precisamente isto que meu cliente recupera olhando através da janela do cometa com a cumplicidade da namorada e o testemunho de duas amáveis velhinhas, quase um contato imediato do terceiro grau. É através das luzes intergalácticas de um objeto voador não identificado que ele recupera, no peito safenado, o coração de poeta, que transborda e extravasa a poeira de estrelas dos becos vazios das madrugadas boêmias, que desenha, por um momento, os pequenos sinais brilhantes da milenar harmonia do universo, bem ali num ponto indefinido entre o "Bixiga" e Alfa Centauro.

16

CHAME O ALFRED

Ao meu amiguinho Caio
e ao meu irmão Nando.

Filho de um casal de amigos, Caio, um ilustre representante da geração-mirim, com quatro anos de idade, relutava em ir embora de minha casa. A brincadeira estava boa demais às onze da noite.

Virou-se para a minha mulher e desferiu certeiro: "Tia, quero dormir aqui".

"Mas, Caio", respondeu ela, "e se você acordar à noite, seus pais não vão estar perto de você..."

"Não faz mal, eu chamo o Alfred."

A mãe do Caio caiu na gargalhada.

"Laura, quem é o Alfred?"

Ela nos esclareceu:

"É o mordomo do Batman."

Além de saborear toda a delícia desta resposta que é a solução para tudo, fiquei pensando por quais insondáveis caminhos Caio foi capaz de construir, tão precocemente, um arsenal de recursos criativos que o protegesse de seus receios mais explícitos ou mais secretos.

É evidente que Caio percebe de algum modo que mesmo o Batman, seu herói preferido, símbolo da força e do alcance de todas as possibilidades, está longe de ser auto-suficiente. Daí o Alfred, um onipresente fornecedor de meios que viabilizam o heroísmo do homem-morcego, no fundo um solitário imerso num universo *dark*. O mordomo é muito mais que um substituto de família. É um fiel provedor-geral de nossas necessidades mais prementes, a quem sempre podemos recorrer, não importa em que momento, irrestritamente.

Caio estabelece com Alfred um vínculo virtual por meio de uma complementaridade de papéis de fantasia e, ao mesmo tempo, se coloca no lugar do Batman, entre a força e a dependência.

Vínculo virtual porque, de acordo com a concepção de Aguiar, construído apenas na imaginação, não correspondendo a nenhum vínculo real.

Papéis de fantasia porque, segundo minha própria definição[1], permitem a atuação da imaginação sem necessariamente estarem vinculados à transferência e ao cenário psicodramático como *locus*, como no caso dos papéis imaginários na primeira situação e dos papéis psicodramáticos na segunda e, assim mesmo, cumprindo uma "função psicodramática" (fazendo ponte entre real e imaginário) espontânea.

Ora, trata-se de uma criança diante de quem um adulto interpola resistências[2]:

"...seus pais não vão estar perto de você."

De frente a tal eventualidade hipotética, que acentua uma falta, o jeito é recorrer à fantasia, na ausência de melhor solução.

Como, nesta idade, realidade e fantasia são vasos comunicantes, buscar o Alfred, num repertório pequeno de experiências, é buscar quem resolve, não importa em que patamar ficcional ele se localize. É a saída para a concretização do desejo: "...quero dormir aqui" e, supostamente: "...quero continuar brincando sem qualquer interferência".

1. O desenvolvimento desta noção se encontra no Capítulo V (O caráter ambivalente das paixões: um aprofundamento psicodramático) do meu livro *Ainda e sempre psicodrama* (vide *Referências Bibliográficas*)
2. O papel da interpolação de resistências no desenvolvimento humano é discutido no mesmo capítulo de *Ainda e sempre psicodrama*.

Em resumo, se o Alfred resolve, eu me basto e continuo me sentindo com a força do Batman.

No entanto, o que aconteceria se eu acordasse à noite numa casa estranha, sem meus pais, e descobrisse que o Alfred não atende a meus chamados? Os donos da casa poderiam substituí-lo com a mesma eficácia?

Se consideramos, fazendo coro com Aguiar, os vínculos virtuais mais estáveis porque não estão sujeitos a confrontos (sua existência está confinada à fantasia), o que acontece com eles nas situações, como a descrita acima, em que não podem cumprir uma função desejada?

Por um lado, a falta ou não de complemento define os compartimentos em que gravitam as relações reais (vínculos atuais), as relações imaginárias (vínculos virtuais) e, mais sofisticada ou elaboradamente, os vínculos residuais (vínculos atuais desativados no presente).

Os vínculos virtuais só se complementam na imaginação e são inconfrontáveis. Não dá para encontrar o Alfred no dia seguinte e perguntar-lhe por que não apareceu quando foi chamado. É como descobrir, finalmente, que Papai Noel não existe.

Por outro lado, descobrir a inconsistência do vínculo virtual nos remete à questão delicada de como e com que ou com quem preencher o que me falta.

Quem eu chamo no lugar do Alfred, já que o Alfred, desconfio, nunca virá?

Ora, se chamar o Alfred, estabelecendo com ele um vínculo virtual, pode ser visto como já representando em si um fenômeno de transferencialidade porque ele viria preencher o lugar dos pais ausentes na noite do Caio, a ausência do Alfred provoca um segundo vazio.

No processo de descoberta do limite entre real e imaginário, nada mais natural que a direção deste preenchimento se faça em outro nível de transferencialidade. Ou seja, voltando-se para um outro vínculo atual ou para algum vínculo residual numa seqüência que pode se repetir na progressão da vida nos mais diversos papéis sociais através do efeito cacho (*cluster*).

Em outras palavras, os vínculos virtuais, a sua função alternativa de preenchimento de uma falta e a descoberta da impossibilidade da realização desta função com a distinção entre real e imaginário redimensionariam esta busca de preenchimento para outros tipos de vínculos (atuais ou residuais), configurando uma forma e uma origem possível de transferência.

Uma decorrência imediata de tais reflexões é uma nova perspectiva teórica da mesma resolução da cena psicodramática e suas implicações técnicas. Senão, vejamos:

Na situação particular de uma dramatização que tem seu ponto de partida na transferência ou seu equivalente transferencial[3] vinculados a uma dada complementaridade de papéis sociais, o percurso psicodramático se dirige a uma dada cena, em que se desvela a trama oculta do protagonista.

O que isto significa?

Significa que os papéis sociais transformados em papéis psicodramáticos, por passarem a ser atuados no cenário do psicodrama, conduzem a ação ao *status nascendi* da transferência em questão, que é caracterizado por um determinado modo de vinculação com um dado personagem interno, que ali representa um papel complementar interno patológico, configurado num vínculo ainda atual ou num vínculo já residual, se considerarmos a época em que tal estado de coisas esteja sendo dramatizada e constitua a cena psicodramática.

Dito de outra forma, um modo de relação do presente referido a um papel social qualquer é nitidamente deslocado de contexto, fazendo supor a presença de uma transferência. Este sinal indireto da transferência num vínculo qualquer eu denomino de equivalente transferencial.

Caso o desdobramento da ação psicodramática se faça em cenas múltiplas, é perfeitamente possível visualizar outros equivalentes transferenciais que vão aparecendo em cada cena, compondo um percurso transferencial com o mesmo significado.

O desvelamento da trama oculta do protagonista se faz no momento e na cena de re-vivência em que se surpreende o *status nascendi* da transferência.

Insisto muito neste ponto, porque continuo defendendo o ponto de vista que o termo rematrização é inadequado para batizar o fenô-

---

3. O desenvolvimento do conceito "equivalente transferencial" está publicado no Capítulo III (Percurso transferencial e ação reparatória) do meu livro *Ainda e sempre psicodrama* (vide *Referências Bibliográficas*).

meno de uma transformação vincular sem a transferência com a qual se está trabalhando.

Por que isto?

Concebendo o psicodrama como uma ampla articulação co-criativa co-consciente e co-inconsciente, tele como noção predominantemente compreendida como co-criação e inter-relacional e transferência como não necessariamente destrutiva ou paralisadora do fluir relacional e de caráter intrapsíquico, em princípio, e, portanto, por isso mesmo não se opondo à noção de tele, qualquer tentativa de sistematização que não leve em conta, predominantemente, o movimento vincular, relacional ou existencial que tudo isso representa, passa a ser extremamente reducionista no que se refere ao ser humano.

Só posso, por esta razão, conceber o psicodrama como um conjunto de relatividades em permanente movimento.

Logo, o que surpreende, no exemplo que estamos citando, é a revivência do *status nascendi* da transferência.

O processo criativo que se deflagra com o desvendamento da trama oculta, que inclui a catarse de integração e o apoderamento de uma realidade suplementar, que escancara a verdade psicodramática e poética de cada um, se teorizarmos sobre os processos criativos da teoria do psicodrama, resultará numa nova inscrição de um modo relacional, ou seja, um novo *status nascendi* vincular, em que aquela transferência ou seus equivalentes deixam de ser presentes e visíveis e, portanto, determinantes de uma forma estereotipada, repetitiva e conservada de ser e de estar, relacionalmente, impedindo a fluência, a criação e a recriação de qualquer projeto dramático preestabelecido ou a se estabelecer com qualquer outro que possa nos estender a complementaridade de um papel social qualquer, em qualquer momento ou situação.

Receando não ser bem compreendido no que estou querendo dizer, quero deixar bem claro que tanto o que estou descrevendo aqui como a criação de um novo *status nascendi* relacional, quanto o que tem sido chamado, até hoje, de rematrização[4], representam o

4. O termo re-matrização (com hífen) já fora utilizado, em 1982, por Castello de Almeida, para caracterizar a "re-vivência de aspectos da vida de modo geral e, em particular, de fatos ligados à matriz de identidade" (ALMEIDA, W. C. *Formas do encontro: psicoterapia aberta*. São Paulo, Ágora, 1982).

mesmo fenômeno. Tanto eu, que nunca utilizo o termo rematrização, quanto qualquer psicodramatista que o emprega, trabalhamos com o protagonista, provavelmente numa mesma direção, com os mesmos recursos técnicos, co-criando uma mesma solução e com o mesmo resultado.

A diferença está na maneira de ver e de batizar este mesmo fenômeno.

O termo rematrizar representa uma tentativa de compreensão de uma operação terapêutica pela via psicodramática e suas implicações técnicas à luz da Filosofia do Momento.

Como todo fato, segundo Moreno, se apóia num conjunto indissociável, composto por sua matriz, seu *locus* e seu *status nascendi*, é compreensível que se tente a correlação de tais fenômenos com o "fato" distorção transferencial nos vínculos e a sua resolução.

Bustos considera o *locus*, neste sentido, como sendo as circunstâncias desencadeantes de um conflito. A sua matriz seria a resposta do sujeito a estas circunstâncias, que resulta num mesmo mecanismo de defesa que passa a ser utilizado e reutilizado por ele, repetitivamente, em outros papéis sociais (efeito cacho), quando as circunstâncias se assemelham à circunstância inicial. Portanto, em outro *locus*.

O *status nascendi* é compreendido por ele como algo passível de sofrer qualquer ordem de perturbação, o que contribuiria para a formação do sintoma. É tratado de maneira vaga.

Olhando por este prisma, Bustos é pertinente ao considerar que apenas a matriz pode ser modificada. Ou seja, a resposta do indivíduo a este conjunto de fatores.

Com certeza, a intenção de Bustos foi a de criar uma facilidade operacional, um objetivo claro do psicodramatista, ancorado numa articulação conhecida da teoria do psicodrama para a utilização eficiente da técnica psicodramática.

Em que concordo e em que discordo do nosso querido mestre Bustos?

Concordo, como já afirmei anteriormente, que, em tais circunstâncias, na resposta do sujeito está a única possibilidade de mudança.

Não concordo em chamar de rematrização a ocorrência de uma resposta nova. Por quê?

Em primeiro lugar, o termo rematrização aqui é empregado, em parte, levando em conta uma perspectiva processual, ou seja, do presente para o futuro. O presente representando a ação dramática em que a nova resposta acontece e é visível através dos papéis psicodramáticos, no contexto psicodramático, e até em papéis sociais se, por alguma razão transferencial, ele também se amplia para o contexto grupal (no caso de um movimento transferencial do sujeito-protagonista presente na relação com o terapeuta ou com algum companheiro de grupo, que se corrige e se redireciona na própria sessão, em seqüência à dramatização).

O futuro representa aquilo que se leva do novo movimento para a vida, para os mais diversos vínculos, despido de tal transferencialidade, num efeito cacho (*cluster*), como efeito de uma catarse de integração[5].

Deste modo, rematrizar significaria criar uma resposta nova que, impressa no sujeito, serviria como uma nova matriz relacional carimbando outros vínculos com sua nova marca.

Ora, matriz significa lugar onde algo se gera ou se cria.

Por outro lado, segundo as formulações de Moreno, a matriz é exemplificada como sendo a semente germinada ou o óvulo fecundado.

Portanto, tanto a semente germinada quanto o óvulo fecundado supõem uma relação anterior entre os dois, responsável pela germinação e pela fecundação.

Logo, a matriz só pode ser um determinado tipo ou qualidade de vínculo. Ou seja, o movimento de vincular-se: no princípio, a relação.

Sendo assim, qualquer resposta decorrente de um vínculo, considerado como matriz, tenha ela, contida em si mesma, ou não, qualquer carga de transferencialidade, já se constitui no *status nascendi* de alguma coisa.

O *status nascendi*, pois, não pode ser reduzido a uma mera dimensão temporal, mas sim, entendido, nesta perspectiva, como um

---

5. Depois da brilhante revisão do conceito de catarse de integração feita por Albor Vives Reñones, em que fica perfeitamente caracterizada a catarse de integração como um fenômeno que ocorre no grupo, não considero mais o que ocorre depois, em decorrência disto, também como parte da catarse de integração, mas sim, suas conseqüências no desempenho dos mais diversos papéis sociais (vide *Referências Bibliográficas*).

movimento existencial decorrente de um vínculo e, deste modo, impregnado de subjetividades e relatividades, no qual a co-criação sofrerá influências positivas ou negativas, criadoras ou paralisadoras do próprio montante de transferências possivelmente em jogo, em caráter co-consciente e co-inconsciente.

Por este prisma, então, qualquer resposta que se propague para outros vínculos, carregada ou não de transferências, só pode ser entendida como parte de um *status nascendi* relacional e não como o próprio vínculo-matriz, o *locus* sendo configurado apenas como as circunstâncias que envolvem tanto o vínculo original quanto o momento em que se dá tal resposta, podendo ou não incluir algum nível de conflito.

Deste modo, conseguir do sujeito-protagonista uma nova resposta não pode ser entendido como uma rematrização, já que o lugar onde esta resposta se gera ou se cria não se modificou — o vínculo internalizado.

A matriz terá que ser considerada como a configuração geral de um vínculo que engloba todas as suas possibilidades de movimentos existenciais em seu sentido mais amplo.

Qualquer articulação transferencial deste vínculo é uma das muitas possibilidades de ocorrência de tais movimentos, inclusive de outras transferências.

Sendo um conjunto composto, portanto, de vários movimentos, ela só pode ser apreendida pelo sujeito em suas parcialidades, de acordo com a faceta que a ele se apresenta em cada momento, incluindo os registros do passado em que nem tudo é deflagrador de transferências, e até mesmo perspectivas as mais diversas de qualquer aspecto particular de vinculação capaz de criar um *status nascendi* transferencial.

Por outro lado, é ilusório supor que o *locus* permanece o mesmo.

Ora, se entendermos o *locus* como circunstâncias que envolvem um dado movimento relacional, mais amplo, que só relacionado a um conflito, é claro que a ação dramática, em si mesma, modifica este *locus*, ou seja, recria circunstâncias, não importa que imaginária ou metaforicamente, através de uma realidade suplementar, facilitando a modificação da resposta.

Ou seja, se as circunstâncias reais originais não mudam e não podem mudar, a cena dramática é capaz de modificá-las através da imaginação e da metáfora.

Conseqüentemente, a resposta nova só pode ser entendida como sendo um *status nascendi* relacional novo, decorrente da mesma matriz, configurada por um vínculo atual ou residual, imerso num *locus* (circunstâncias) modificado pela força imaginativa e metafórica da realidade suplementar, o que nos devolve o psicodrama como noção permanente de movimento relacional, vincular ou existencial, ou tudo isso.

Este *status nascendi* novo, isto sim, imprime, sob o ponto de vista processual, uma nova forma existencial de ser e de viver os vínculos, que não podemos chamar de rematriz justamente porque a nova resposta é uma libertação das conservas e, portanto, na sua essência criativa, ela só pode ser plástica e imprevisível. É como se "carimbasse" o não-carimbo.

Por outro lado, se a resposta transferencial está aderida a um vínculo-matriz (atual ou residual), a nova resposta, porque ocorre no plano imaginário e metafórico, só pode estar aderida ao próprio sujeito-protagonista, porque aquele vínculo-matriz não está presente de fato na ação dramática, apenas se concretiza através de papéis psicodramáticos com os egos-auxiliares ou objetos intermediários.

Qualquer desdobramento novo, mediado criativamente pela realidade suplementar, é, em si mesmo, uma relação do protagonista com ele mesmo. A decorrência disto é que reverterá dele próprio a resposta recriada, na ausência do outro, para os vínculos atuais e reais.

Ainda explicitando as minhas discordâncias, em segundo lugar, a idéia de rematrização está relacionada, por um lado, ao conjunto conflito-mecanismo de defesa-transferência, ou seja, uma base psicanalítica para compreender uma intervenção psicoterápica.

Por outro lado, o conjunto matriz-*locus*-*status nascendi* representa um referencial psicodramático que não precisa obedecer à mesma ordem seqüencial só porque se torna aplicável a uma nova compreensão do mesmo conjunto anterior.

Se está em jogo o fenômeno da transferencialidade, o que importa é observar e perceber se há ou não interferência na co-criação de um projeto dramático relacional e, em caso positivo, qual o movimento criativo que representa o *status nascendi* de uma resposta nova na direção da co-criação.

Portanto, o fenômeno é o mesmo, a correlação é igualmente possível, a intervenção técnica pode ser idêntica, mas a compreensão da articulação entre esta ordem de fatores não só é diversa, como corresponde a uma visão mais ampla de não perder de vista que o psicodrama, em todos os sentidos, tem que ser visto dentro de uma perspectiva de movimento existencial permanente porque inclui a noção de homem em relação e, por isso mesmo, indissociável da idéia de co-criação[6].

Agora podemos voltar, então, ao Caio, ao Alfred e ao Batman.

Trabalhamos, em psicodrama, sempre com o presente numa perspectiva para o futuro. O passado pode entrar na história e, freqüentemente, se presentifica, com mais peso que Pilatos, apenas para desvendar seus nexos com o presente, retomando um *flash* co-criativo no aqui e agora, visando à co-criação futura.

A não ser que estejamos trabalhando com família, casal ou numa vertente sociodramática, os personagens trazidos pelo protagonista nunca estão de fato ali.

Ora, não faz sentido, portanto, dizer, o que é freqüente, que estamos trabalhando com o pai, com a mãe etc.

Nem é presente, nem é real, a não ser dentro do próprio sujeito-protagonista.

O presente e a realidade são vividos como tais a partir das sensações e emoções que brotam nele na cena psicodramática.

Para o Caio é indiscutível a existência do Alfred e do Batman. É tão real para ele quanto irreal para cada um de nós.

---

6. Recebi de Noemi B. Silva Lima, psicodramatista de Campinas e vencedora do 1º Concurso Febrap (Federação Brasileira de Psicodrama) de Melhor "Escrito Psicodramático" (Campos do Jordão, 1998), uma carta gentil e carinhosa em que comenta *Chame o Alfred*. Entre tantas outras coisas valiosíssimas para mim, Noemi me diz: "A ocorrência de uma resposta nova não deve ser assim chamada (rematrização) porque, embora tenha origem em uma matriz X, configura-se em um vínculo de outra temporalidade, a partir de um *locus* que vai sendo naturalmente alterado pelo simples fato de estar sendo 'revisitado' (este também é um termo que confunde). A criação de um *locus* novo é inerente à própria vida, é o movimento existencial compatível com o simples fato de se estar vivo e em relação permanente com o ambiente".

Confesso, Noemi, que eu não conseguiria dizer melhor. Por isso, nada mais natural do que citá-la aqui.

Logo, a relação que o sujeito-protagonista estabelece com seus personagens na cena psicodramática é e só pode ser, em última análise, uma relação com ele mesmo, e é este o material do nosso trabalho.

Deste modo, como terapeutas, nunca estaremos trabalhando com a relação de Fulano com a mãe, com o pai etc., mas com a relação com ele mesmo até no que diz respeito à relação com outras pessoas como referência de si mesmo.

Por esta mesma razão, o preenchimento que muitas vezes se busca na cena psicodramática, numa articulação qualquer com um personagem, sempre será metafórico, porque aquele personagem não está, de fato, ali.

É o próprio sujeito-protagonista que preenche a si mesmo pelo viés de uma realidade suplementar, inaugurando um novo *status nascendi* relacional, co-criativamente.

Este é o motivo pelo qual, diante de uma cena psicodramática travada pelo impasse de uma falta que não se preenche através dos personagens em ação, a saída natural é apelar para o movimento preenchedor do próprio protagonista. Ou seja, se dispensa a metáfora inicial.

Por exemplo, o protagonista em cena está diante do *status nascendi* de uma dada transferência, que se configura numa atitude de retraimento e paralisação (resposta) em face de uma rejeição explícita de um personagem-mãe, conduta repetitiva que ele leva para outros vínculos.

Estamos diante de um problema a resolver que é o de co-criar com o protagonista um *status nascendi* relacional novo que dê conta desta falta de preenchimento afetivo, capaz de libertá-lo do retraimento e da paralisação repetitivos.

Suponhamos que, na cena, por uma troca de papéis com o personagem-mãe, fique claro que não poderá vir dela qualquer movimento preenchedor capaz de provocar uma resposta nova do protagonista.

Abandonar aqui a metáfora inicial é desistir de insistir em que o protagonista preencha a si mesmo através do personagem-mãe. Uma aproximação, por exemplo, que aquela mãe-personagem não pode lhe dar na cena, ou seja, na verdade, internamente.

O recurso técnico, no caso, seria substituir a metáfora inicial por uma segunda metáfora cênica, que, paradoxalmente, é, apesar de uma metáfora, mais reveladora do que de fato acontece dentro do protagonista.

Seria, por exemplo, fazer um espelho e solicitar ao protagonista que socorra e preencha ele mesmo o rejeitado que ele vê em cena, dispensando a mãe-personagem como agente de uma forma de preenchimento impossível de ocorrer, o que é muito mais que só acentuar a consciência da falta.

Este procedimento técnico continua sendo uma metáfora porque em sua forma cênica simboliza o que está acontecendo internamente no protagonista.

É paradoxal porque, embora seja uma metáfora cênica, simboliza com maior realidade o que, sob o ponto de vista teórico, acontece em qualquer situação psicodramática em que nos deparamos com a emergência de um novo *status nascendi* relacional no sentido da cocriação. Preencher-se consigo mesmo.

O que o Caio nos ensina é que, enquanto acreditarmos criativamente na imaginação, estaremos a salvo dos Coringas, Pingüins e Mulheres-Gatos do mundo. Nada poderá nos acontecer. Basta o Alfred para nos restaurar a força e a agilidade do Batman.

Porém, um dia chegará em que os Coringas, Pingüins e Mulheres-Gatos serão corporizados pela "Crise Econômica", pelos nossos entraves amorosos, pela iniqüidade das imposições sociais, pela consciência da morte e da ausência etc., exigindo um tipo de preenchimento consigo mesmo que também virá de nossa imaginação criadora, mas, desta vez, voltada não para o refúgio nos personagens das histórias em quadrinhos, mas para o aparelhamento de nós mesmos como heróis enfrentadores de tais imposições da realidade, embora falíveis em sua essência.

Quem não for capaz de co-criar o estofo capaz de enfrentar as assombrações de nossas horas noturnas, em que o grito da solidão nos aproxime do parapeito da janela e da visão da marca derrapada de um carro em movimento, que faça como o Caio. Chame o Alfred.

Quarta Parte

A VIDA MAIS UMA VEZ

17

SINFONIA EM QUINZE MOVIMENTOS

1º Movimento:

"Por que não gravaram
em pedra
a página do tempo
menos perecível?"[1]

Mais que a permanência de si mesmo, a fixação do momento e a impossibilidade de viver e de continuar vivendo a sucessão de todos os momentos que, dentro, não nos cabe.

Sem isto, já que é isto, pelo menos que nos reste a memória na memória que nos resta.

Eis a essência, a nossa essência, entre criação e conserva. Conserva que se cria e se recria na memória que se apaga e que a imaginação restaura a seu modo peculiar de misturar as tintas.

Tal forma particular de recusar aceitando a morte estende o fio do equilibrista em que desliza a nossa inevitável ambigüidade.

Somente através dela o homem se torna documento de si mesmo.

1. Todos os subtítulos deste capítulo são fragmentos, estrofes, retirados de minha própria poesia, escrita nos últimos 25 anos (vide *Referências Bibliográficas*).

É o horror da morte, inconformismo, sua mão direita, e sua aceitação, conformismo diante dela, sua mão esquerda, que juntas escrevem sua história, sua estória, sua História, pelos caminhos da arte e da ciência, visando o universo e a eternidade — razão e imaginação.

2º Movimento:

"Não sei se sonho
ou se desperto."

Um belo dia, inesperadamente, topamos cruamente com ela, barrando nosso caminho com sua foice de aço.

Um parente, um amigo, um vizinho, quando não uma célula suspeita que se divide enlouquecidamente em nosso próprio organismo em seus propósitos neoplásicos. Ou, às vezes, um vírus mutante, incrivelmente esperto.

Experimentamos então, primeiro, a sensação de irrealidade de seu poder ceifador a exigir de nós toda a nossa força de negação, para só depois acordarmos para a realidade das providências do cotidiano no durante e no depois. É a nossa primeira cena de convívio com a morte cara a cara.

3º Movimento:

"Que amanheça
chovendo fino."

Desesperadamente, giramos o botão do mundo em toda a extensão do seu dial. Quem sabe encontraremos em algum ponto a emoção desejada que se ajuste perfeitamente a esta mistura de dor e espanto que predomina como sentimento.

Mas a música que sai deste rádio metafísico nem de longe lembra um réquiem. Apesar de tudo, o céu continua azul e o sol posto em seu mesmo posto de observação, dourando a vida em partes iguais, apesar da sombra.

Precisamos de um cenário para atuar a nossa angústia e esta mesma vida, dourada pelo sol, sequer nos fornece uma trilha sonora compatível com a presença da morte. Sorte nossa!

4º Movimento:

"E, de repente, gris.
Tudo gris."

Eis que, num repente, tudo nos falta. Até mesmo a consciência desta falta. Nenhuma solidão é tão forte e tão definitiva. Nenhum parágrafo ou capítulo é, ao mesmo tempo, tão longo e tão curto.

5º Movimento:

"Com licença,
vou pedir penico."

O berro, mais que do peito, nos sai da alma. Alguma coisa nos guia em busca de, pelo menos, consolo. A morte é dura demais, é privada demais, é genérica demais para não ser compartilhada — velórios, sentinelas, incelenças.

Alguns traços da fisionomia do humano saem em socorro, em busca de ajuda. De alguma coisa que não se define bem. Talvez, continência?

Há um momento em que receber é preciso. Em que se impõe o desarmamento da bomba-relógio de nossas emoções reprimidas e em que se aceita a mão que estende o lenço de papel e que enxuga a via lacrimosa para não escorregar.

É um bom começo.

6º Movimento:

"Adeus! Adeus, Nonino, adeus!"

Um tango todo feito de despedidas.

Já viram o empregado do frigorífico, semi-encapuzado, descarregar o quarto do boi às costas, tirando-o do caminhão?

É um pouco assim o morto que não se enterra, a nos sufocar, meio cegos, com seu peso gelado. Do caminhão para o açougue, do açougue para o caminhão.

É necessário zerar as dívidas de parte a parte. Mesmo em ausência. É a única forma de volatilizar a sua tonelagem.

Só mesmo, entre um acorde e outro, a dança tortuosa e tensa da despedida definitiva.

7º Movimento:

"Na imobilidade
em que me acho
e em que me encontro."

Recolher-se às dimensões restritas do luto é descobrir a imposição insinuante da própria morte.

A cada lição da morte do outro, e mais outro, o reencontro consigo mesmo que se repete e se aprofunda em tal identidade humana.

Do luto, lutar. Da imobilidade, o movimento, o Drama, o projeto dramático, a escolha, a ação.

Não é sem razão que de uma coisa para outra corra um tempo variável que fecha ou atenua a coloração deste luto.

Seu curso é imprevisível e dependente de nossa capacidade da redescoberta que a vida é enquanto.

Esta solidão passará um dia?

Narciso meu, existe alguém tão mortal quanto eu?

8º Movimento:

"Preciso de novo
morrer ainda
mais um pouco.
Viver sozinho
o peso da terra
que me cobre.
Acordar e ver
que me olhas
de dentro
do meu sonho."

Todo o tempo necessário, mesmo que a dor decorrente de tal solidão se prolongue ainda mais.

Permitir-se sentir intensamente a amplitude e as conseqüências de tais circunstâncias é fortalecer a capacidade de novamente sonhar.

É vislumbrar que a parcela de mundo e que a fração de nós mesmos, que passamos a incorporar com a nossa experiência frente à morte, são transformadoras a ponto de serem capazes de nos tornar um novo pólo de atração para o outro.

Mais do que apenas novamente se dispor a reviver, desta vez e mais, a novidade de uma maneira especial de ser e estar.

É como sair maturado e, de certo modo, purificado, sem que seja necessário um brilho refulgente, laqueado, que dê conta apenas de superfícies.

O olhar do outro, em seu sábio pressentimento, será o nosso próprio densímetro. A medida existencial do peso específico de uma nova qualidade humana que nos transcende e nos transparece.

Que o nosso sonho se torne e seja sempre um vaso comunicante com os sonhos de todos os outros homens.

9º Movimento:

"...e a estrela
que repousa
adormecida
e apagada
entre teus seios."

Onde deveria existir uma estrela, enxergamos apenas cicatriz.

Onde o brilho, a sombra. Sequer o lusco-fusco.

Ensimesmar-se no luto é ficar prisioneiro irresgatável da morte.

É deixar de enxergar o amor até mesmo onde indiscutivelmente ele está presente e perder a capacidade, que seja temporariamente, de reacendê-lo ou procurá-lo, esteja onde estiver.

Perder tal crença no amor é deixar de acreditar na própria vida. É apagar-se junto com a morte.

No entanto, vem o tempo em que, pelo menos, se enxerga uma estrela apagada e adormecida entre seios.

Mesmo que a estrela apagada e adormecida que vemos no outro seja a estrela apagada e adormecida do nosso próprio luto, já passa a ser possível, até que enfim, vislumbrar seios.

Falta abrir mão de nossos propósitos cegantes projetivos para, finalmente, descobrirmos que nem mesmo o sono da depressão ou da indiferença é capaz de atenuar e esmaecer qualquer sentimento do outro do qual nós somos o alvo.

Apesar da morte e do luto não deixamos de ser amados por quem nos ama e de conseguir ser amados por quem não nos conhece ou não nos conhece o suficiente.

O brilho da estrela nos aguarda entre os seios, além de só os seios, mesmo durante o nosso sono enlutado.

10º Movimento:

"...bem ali no limite
entre a coxa
e a calcinha."

O próximo degrau desta escada é re-erotizar-se.

Na recuperação gradativa do movimento sinuoso da sensualidade, a retomada de uma força vital que contrapõe os dois maiores tabus humanos, sexo (vida) e morte.

Tomar posse, de novo, do amplo espectro de nossas sensações, do prazer de viver plenamente os nossos sentidos.

Em oposição à solidão da morte e ao sentimento de abandono que, conseqüentemente, ela nos deixa, uma outra forma de abandono que nada tem de isolamento.

É o abandonar-se com o outro, no sentido da entrega e do desejo. Deixar-se novamente levar como a pluma pelo vento, brisa ou tornado, seja carinho, ternura ou paixão.

Voltar-se, outra vez, para a possibilidade sensual e erótica é recriar o ciclo vital, semente germinada, óvulo fecundado, símbolo e metáfora, a um só tempo, da vida e da criação — o triunfo efêmero do humano sobre a morte.

É recriar no próprio corpo o caminho da imaginação, com seus humores, seus fetiches, seus enleios e seus prazeres.

11º Movimento:

"Nelson esqueceu aberta
a porta da cocheira."

O Nelson não existe. Há muito que já morreu. Muito menos a porta ou a cocheira, levadas que foram pela torrente do tempo. São, tão-somente, preocupações de um avô.

É tudo produto de artérias desgastadas e corroídas a misturar reminiscências com sabor de atualidade.

É tudo envelhecimento. É o medo da velhice que toda a morte traz, mesmo que os velhos que conhecemos tenham a doença e o morrer como sua pauta de discussões freqüentes.

Ah, se a esta altura da vida pudéssemos topar com a "Fonte da Juventude" no meio do parque de uma estação de águas!

12º Movimento:

"Passo a me cobrir somente
com a sugestão de outono
à falta de melhor coberta."

Elaborar a morte do outro é, sem dúvida, em parte, elaborar a própria morte.

Elaborar a própria morte é, igualmente, elaborar o próprio processo possível de envelhecimento.

Quando isto é viável, quando nos permitimos tal perspectiva de futuro, está aberto um caminho de revisão do desempenho de nossos papéis sociais.

Envelhecer com sabedoria é saber mudar a função destes papéis ou mesmo abandonar alguns deles em detrimento de outros que se criam ou que se fortalecem, se preexistentes.

Tal resultado é a construção ou a manutenção de uma dignidade de viver que precede a dignidade do morrer.

É a procura da melhor coberta.

13º Movimento:

"Voltou, etéreo,
numa carta de correio."

Cai de um livro folheado uma velha fotografia em sépia. No fundo de um armário de cozinha, uma xícara sem asa. Uma gravata manchada mal dependurada. Tudo pode ser motivo de saudade.

Não importa quantos anos se passem, cada um que fica ou que se foi são pedaços de mim.

E como parte de mim, o dia-a-dia se encarrega, no esbarrão das banalidades, de reviver e restaurar as mais sutis recordações.

A morte se faz história e se faz minha história — nossa história.

Como um arqueólogo, primeiro desenterro um caco, sujo, que me espeta o dedo, até que a sua recomposição como relíquia ou como obra de arte desperte o meu deslumbramento.

Muitas vezes faltará para sempre um pedaço.

14º Movimento:

"Para o lado de lá
do movimento
de uma travessa
paralela."

É como se o caminho da vida e o caminho da morte fossem, a um só tempo, paralelos e transversais.

O que me torna universal é a consciência da morte que subjaz, em sua mudez latente, em cada gesto, em cada marca que imprimo na tentativa de encontro comigo mesmo e com o outro — grossas correntes que me atam à vida.

Só não posso, coração na boca, viver apenas o sobressalto, como se no instante seguinte me pegasse em cheio, depois de uma curva cega, a queda mais íngreme da montanha-russa, onde, direta ou indiretamente, me espera a morte, em que pesem os momentos transversais em que vislumbro sua dura fisionomia.

15º Movimento:

"...pressentindo
no bolso
só a passagem
de ida."

Como o homem antigo de Philippe Ariès, acreditar no aviso espontâneo da morte e, só então, se dispor a esperar por ela.

Criar o tempo de reflexão necessário para extrair da sua inevitabilidade o sumo privilegiado de nossa força criativa. Esta energia vital é o músculo capaz de injetar em cada ato da existência a sobra de qualidade que lhe configure substância e intensidade, o que é próprio, somente, do caráter de tudo aquilo que não é imortal. Só assim cada um pode se perpetuar na vida e no outro, além da própria morte, como presença e lembrança.

Imaginem qualquer seqüência de cenas através deste roteiro de emoções, nesta sinfonia de muito mais de quinze movimentos, num longo processo de elaboração e de superação da morte, naquilo que é possível superar.

Imaginem o privilégio de acompanhar alguém neste percurso, tão de perto.

Imaginem, como John Lennon, que não haja paraíso nem inferno. Apenas o céu azul sobre nossas cabeças.

Imaginem todas as pessoas vivendo em paz e compartilhando o mundo e nada por que matar ou morrer.

Vocês dirão, com certeza, que sou um sonhador que morreu assassinado diante do Central Park.

Apesar da minha morte, o sonho ainda não acabou.

"Quando eu morrer,
me deixem inteiro,
como nunca fui e sempre serei,
e me entreguem em domicílio
à mulher que mais amei."

REFERÊNCIAS BIBLIOGRÁFICAS

AGUIAR, M. As diferentes focalizações na prática do psicodrama. In: Vários autores. *Rosa-dos-ventos da teoria do psicodrama*. São Paulo, Ágora, 1994.

__________. A evolução dos conceitos tele e transferência. (Mesa-redonda), IV Encontro Internacional de Psicodrama. São Paulo, 1991, não publicado.

__________. Moreno e seu projeto científico: um balanço. In: Vários autores. *J. L. Moreno: o psicodramaturgo*. São Paulo, Casa do Psicólogo, 1989, cap. XI.

__________. *O teatro terapêutico: escritos psicodramáticos*. Campinas, Papirus, 1990.

__________. Resenha do livro *Ainda e sempre psicodrama*, de PERAZZO, S. *Revista Brasileira de Psicodrama*, v. 3, fascículo I, 1995, pp. 103-5.

__________. *Teatro espontâneo e psicodrama*. São Paulo, Ágora, 1998.

ALBERTINI, P. Palestra sobre Reich e Religião. Elaboração: Faria, V. R. — apostila: PUC–SP, pós-graduação, Núcleo de Práticas Clínicas — *Psicologia e Religião* — Profª Ancona-Lopez, M.

__________. *Reich: história das idéias e formulação para a educação*. São Paulo, Ágora, 1993.

ALMEIDA, N. M. *Gramática metódica da língua portuguesa*. 31ª edição, São Paulo, Saraiva, 1982.

ALMEIDA, W. C. *Moreno: encontro existencial com as psicoterapias*. São Paulo, Ágora, 1990.

__________. Psicoterapia aberta: o método do psicodrama. São Paulo, Ágora, 1982.

__________. *Formas do encontro: psicoterapia aberta*. São Paulo, Ágora, 1988.

ALVES, L. F. R. O protagonista: conceito e articulação na teoria e na prática. Anais do 7º Congresso Brasileiro de Psicodrama, Rio de Janeiro, V. Único, 1990, pp. 557-9.

ALVES, L. F. R. O protagonista: conceitos e articulação na teoria e na prática. *Revista Brasileira de Psicodrama*, v. 2, fascículo I, 1994, pp. 49-55.

AMARAL, G. F. Ética na psicoterapia. *Revista Brasileira de Psicodrama,* fascículo I, v. 3, 1995, pp. 65-71.

ANCONA LOPEZ, L. notas pessoais.

ARIÉS, P. *História da morte no Ocidente*. Rio de Janeiro, Francisco Alves, 1997.

__________. *O homem diante da morte*, vol. I. Rio de Janeiro, Francisco Alves,1981.

__________. *O homem diante da morte,* vol. II. Rio de Janeiro, Francisco Alves, 1982.

AUSTEN, J. *Razão e sentimento*. Rio de Janeiro, Nova Fronteira, 1996.

BADER, W. Áustria, Viena, Schnitzler — Um império, uma cidade, um escritor na virada do século. In: Schnitzler, A. *Contos de amor e morte*. São Paulo, Companhia das Letras, 1987.

BORGES, J. L. Ruínas circulares. In: *Ficções*. São Paulo, Abril Cultural, 1972.

BRITO, D. J. *Astros e ostras*. São Paulo, Ágora, 1998.

BOUQUET, C. M. *Fundamentos para una teoría del psicodrama*. México, Siglo Veintiuno Editores, 1977.

BUCHBINDER, M. J. *Poética del desenmascaramiento: camiños de la cura*. Buenos Aires, Planeta — Nueva Conciencia, 1993 (edição brasileira: *A poética do desmascaramento: os caminhos da cura*. São Paulo, Ágora, 1996).

BURN, L. *Mitos gregos*. São Paulo, Moraes, 1992.

BUSTOS, D. M. Asas e raízes: locus, matriz, status nascendi e o conceito de clusters. *Leituras*, 2, 1994, pp. 1-9.

__________. *Novos rumos em psicodrama*. São Paulo, Ática, 1992.

__________. *Nuevos rumbos en psicoterapia psicodramatica*. La Plata, Momento, 1985.

__________. *O teste sociométrico: fundamento, técnica e aplicações*. São Paulo, Brasiliense, 1979.

__________. Prefácio do livro de Perazzo, S. *Descansem em paz os nossos mortos dentro de mim*. 4ª edição. São Paulo, Ágora, 1986-1995.

__________. *Psicoterapia psicodramatica*. Buenos Aires, Editorial Paidós, 1975.

COIMBRA, C. M. B. Desenvolvimento sociocultural e político (anos 60-80) e meios Psicoterápicos. In: Vários autores. *25 anos depois: gestalt-terapia, psicodrama e terapias neo-reichianas no Brasil*. São Paulo, Ágora, 1995, cap. 4.

Conselho Regional de Medicina do Estado de São Paulo. Código de Ética Médica. São Paulo, 1988.

CONTRO, L. Psicodrama e arte. *Leituras*, Extra, 1996.

CUKIER, R. *Sobrevivência emocional: as dores da infância revividas no drama adulto*. São Paulo, Ágora, 1998.

DIAS, V. R. C. S. *Análise psicodramática: teoria da programação cenestésica*. São Paulo, Ágora, 1994.

ECO, U. *O pêndulo de Foucault*. Rio de Janeiro, Record, 1989.

FAVRE, R. Terapias neo-reichianas. In: Vários autores. *25 anos depois: gestalt-terapia, psicodrama e terapias neo-reichianas no Brasil.* São Paulo, Ágora, 1995, cap. 3.

FERREIRA, A. B. H. *Novo Dicionário da Língua Portuguesa.* Rio de Janeiro, Editora Nova Fronteira, 1975.

FONSECA FILHO, J. S. Ainda sobre a matriz de identidade. *Revista Brasileira de Psicodrama*, vol. 4, fascículo II, 1996, pp. 21-34.

__________. Memórias de Beacon e outras memórias. In: Vários autores. *J. L. Moreno o psicodramaturgo.* São Paulo, Casa do Psicólogo, 1989, cap. III.

__________. O psicodrama verdadeiro. (Mesa-redonda) "A pluralidade do psicodrama", 8º Congresso Brasileiro de Psicodrama. São Paulo, 1992. *Jornal da Febrap*, 1993.

__________. *Psicodrama da loucura.* São Paulo, Ágora, 1980.

__________. Psicodrama interno. *Leituras*, nº 16, 1996.

__________. Psicoterapia e medicação. *Temas,* 43, São Paulo, 1992, pp. 30-5.

FRAZÃO, L. M. A gestalt-terapia. In: Vários autores. *25 anos depois: gestalt-terapia, psicodrama e terapias neo-reichianas no Brasil.* São Paulo, Ágora, 1995, cap. 1.

GARRIDO-MARTIN, E. *Psicologia do encontro: J. L. Moreno.* São Paulo, Ágora, 1996.

GONÇALVES, C. S. Epistemologia do psicodrama: uma primeira abordagem. In: Vários autores. *J. L. Moreno — o psicodramaturgo.* São Paulo, Casa do Psicólogo, 1989, cap. VII.

__________. Pequeno comentário sobre metodologia psicodramática: o lugar da fantasia. *Anais do 6º Congresso Brasileiro de Psicodrama,* Salvador, v. 2, 1998, pp. 90-3.

GUARDO, R. G. M. *História general del psicoanálisis: de Freud a Fromm.* Buenos Aires, Editorial Ciordia, 1969.

JORNAL DA TARDE. Nosso Tempo. A Cobertura Jornalística do Século. São Paulo, Editora Klick, 1996.

KARP, M. Contracapa do livro de KELLERMANN, P. F. *O psicodrama em foco.* São Paulo, Ágora, 1998.

KESSELMAN, H. e PAVLOVSKY, E. *A multiplicação dramática.* São Paulo, Hucitec, 1991.

KESSELMAN, H., PAVLOVSKY, E., FRYDLEVSKY, L. *Las escenas temidas del coordinador de grupos.* Madri, Editorial Fundamentos, 1978.

KIPPER, D. A. The shaping of a psychodramatist some hard questions for psychodrama trainers. (Mesa-redonda) IV Encontro Internacional de Psicodrama, São Paulo, 1991.

KNAPPE, P. P. La Función de la Dramatización. (Mesa-redonda) IV Encontro Internacional de Psicodrama, São Paulo, 1991.

__________. Paradigmas de encuentro de los distintos marcos conceptuales de trabajo con grupos. *Vínculos*, nº 1, INV. 1990-91, pp. 17-45.

KNOBEL, A. M. A. A. C. O teste sociométrico centrado no indivíduo. Monografia apresentada à Sociedade de Psicodrama de São Paulo, 1981, não publicada.

LEVY, L. Por uma visão holística do homem. Monografia apresentada à Delphos Espaço Psico-Social, Rio de Janeiro, 1998, não publicada.

LIMA, N. B. S. Notas pessoais, através de uma carta.

LORCA, F. G. *Obra Poética Completa*. Brasília, Martins Fontes, Editora Universidade de Brasília, 1989.

MARINEAU, R. F. *J. L. Moreno: sa vie, son oeuvre*. Montreal, Editions Saint-Martin, 1990 (edição brasileira: *Jacob Levy Moreno 1889-1974: pai do psicodrama, da sociometria e da psicoterapia de grupo*. São Paulo, Ágora, 1992).

MASCARENHAS, P. H. A. Multiplicação dramática, uma poética do psicodrama. Monografia apresentada à Sociedade de Psicodrama de São Paulo. São Paulo, 1995, não publicada.

MASSARO, G. *Esboço para uma teoria da cena*. São Paulo, Ágora, 1996.

__________. O papel do colonizador e do colonizado. Por uma identidade do psicodrama no Brasil. Trabalho apresentado no 11º Congresso Brasileiro de Psicodrama, Campos do Jordão, 1998, a ser publicado em seus anais.

MENEGAZZO, C. M. *Magia, mito y psicodrama*. Buenos Aires, Editorial Paidós, 1981 (Edição brasileira: *Magia, mito e psicodrama*. São Paulo, Ágora, 1994).

MENEGAZZO, C. M., TOMASINI, M. A., ZURETTI, M. M. *Dicionário de Psicodrama e Sociodrama*. São Paulo, Ágora, 1995.

MERENGUÉ, D. Turistas, viajantes e desterrados: mapas provisórios para uma incursão psicodramática. "Escritos Psicodramáticos", 11º Congresso Brasileiro de Psicodrama, Campos do Jordão, 1998, a ser publicado em seus anais e na *Revista Brasileira de Psicodrama*.

MEZHER, A. A "praxis" de um socionomista brasileiro e seus fundamentos ideológico-filosóficos. Anais do 6º Congresso Brasileiro de Psicodrama, Salvador, v. 3: 1988, pp. 131-3.

__________. Um questionamento acerca da validade do conceito de papel psicossomático. *Revista da Febrap*, ano 3º, 1, 1980, pp. 221-3.

MORENO, J. D. Prefácio do livro de KELLERMANN, P. F. *O psicodrama em foco*. São Paulo, Ágora, 1998.

MORENO, J. L. *Autobiografia*. Org.: Cushinir, L. São Paulo, Editora Saraiva, 1996.

__________. *El teatro de la espontaneidad*. Buenos Aires, Editorial Vancu, 1977. (edição brasileira: *O teatro da espontaneidade*. São Paulo, Summus, 1994).

__________. *Fundamentos de la sociometria*. 2ª edição, Buenos Aires, Editorial Paidós, 1972.

__________. *Fundamentos do psicodrama*. São Paulo, Summus, 1983.

__________. *Las palabras del padre*. Buenos Aires, Editorial Vancu, 1976.

__________. *Psicodrama*. 2ª edição, São Paulo, Cultrix, 1978.

__________. *Psicomúsica y sociodrama*. 2ª edição, Buenos Aires, Hormé, 1977.

MORENO, J. L. *Psicoterapia de grupo e psicodrama*. São Paulo, Mestre Jou, 1974.

MOTTA, J. M. C. (org.). *O jogo no psicodrama*. Vários autores. São Paulo, Ágora, 1995.

NAFFAH NETO, A. Moreno e seu tempo. In: Vários autores, *J. L. Moreno — o psicodramaturgo*. São Paulo, Casa do Psicólogo, 1989, cap. I.

__________. *Psicodrama: descolonizando o imaginário*. São Paulo, Brasiliense, 1979.

__________. *Psicodramatizar*. São Paulo, Ágora, 1980.

NAVARRO, M. P. Comunicação pessoal em contexto de supervisão psicodramática.

PERAZZO, S. *Ainda e sempre psicodrama*. São Paulo, Ágora, 1994.

__________. Contribuições à teoria do psicodrama. *Anais do 6º Congresso Brasileiro de Psicodrama,* resumo dos trabalhos (Aquários), Salvador, V. Único: 1988, pp. 87-90.

__________. Croemas, v. I: Azulejo e Branco, poesias, não publicado.

__________. Croemas, v. II: Cadeira Austríaca, poesias, não publicado.

__________. Croemas, v. III: Sugestão de Outono, poesias, não publicado.

__________. Deixou o vestido de noiva, mas levou o laptop. *Leituras*, nº 14, 1996. Também publicado em *Catharsis*, ano 3, nº 17. jan./fev. 1998, pp. 23-5.

__________. *Descansem em paz os nossos mortos dentro de mim*. 4ª edição, São Paulo, Ágora, 1986-1995.

__________. Expresso para a cortina de ferro. *Revista Brasileira de Psicodrama*, v. 3, fascículo II, 1995, pp. 41-50.

__________. Fantasias reais. (Mesa-redonda) XI Congresso Latinoamericano de Psicoterapia Analítica de Grupo, Buenos Aires, 1994.

__________. Moreno, D. Quixote e a matriz de identidade: uma análise crítica. In: Vários autores. *J. L. Moreno — o psicodramaturgo*. São Paulo, Casa do Psicólogo, 1989, cap. XIII.

__________. O caráter ambivalente das paixões. *Psicodrama*, ano IV, 4, 1992, pp. 84-93.

__________. O desenvolvimento da teoria do psicodrama no Brasil. (Mesa-redonda) 8º Congresso Brasileiro de Psicodrama. São Paulo, 1992.

__________. O mendigo da minha rua. *Jornal da Sogep*, ano I, nº 001, abr./maio 1998, p. 5. Também publicado em *Catharsis*, ano 4, nº 19, maio/jun., 1998, p. 8.

__________. O método psicodramático no atendimento bipessoal. *Temas*, 43, 1992, pp. 40-5.

__________. O psicodrama no Brasil. In: Vários autores. *25 anos depois: gestalt-terapia, psicodrama e terapias neo-reichianas no Brasil*. São Paulo, Ágora, 1995, cap. 2.

__________. Percurso transferencial e reparação. *Temas*, ano XVII, nº 32/33, 1987, pp. 127-48.

__________. Perséfone e o mendigo: a força iluminadora e a restauração estética do psicodrama. In: Vários autores. *Rosa-dos-ventos da teoria do psicodrama*. São Paulo, Ágora, 1994, cap. 11.

PERAZZO, S. Pilotando um recém-nascido. *Revista Brasileira de Psicodrama*, v. 6, nº 2, 1998, pp. 33-42.

__________. Prefácio do livro de Cukier, R. *Sobrevivência emocional: as dores da infância revividas no drama adulto*. São Paulo, Ágora, 1998.

__________. Psicoterapia: mudança e transformação — psicodrama. *Revista da Febrap*, ano 4, nº 1, 1982, pp. 31-3.

__________. Realidade suplementar. Temas em Debate, 9º Congresso Brasileiro de Psicodrama, Águas de São Pedro, 1994, não publicado.

__________. Reflexões de um psicodramatista: o diretor, seu papel e sua integração aos objetivos pedagógicos do grupo de *role-playing*. *Revista da Febrap*, ano 3, nº 1, dez./1980, pp. 280-6.

__________. Resenha do livro *O jogo no psicodrama*, vários autores (org. Motta, J. M. C.), *Revista Brasileira de Psicodrama*, v. 4, fascículo II: 1996, pp. 127-32.

__________. Resenha do livro *Psicodrama da loucura*, de Fonseca Filho, J. S. *Revista Brasileira de Psicodrama*, v. 5, nº 1, 1997, pp. 113-7.

__________. Revisão crítica dos conceitos tele e transferência. *Temas*, ano XIX, nº 37, 1989, pp. 45-55.

__________. *Subjetividade e psicodrama: direção cênica da loucura*. (Mesa-redonda) Sociedade de Psicodrama de São Paulo, 1992.

__________. Teoria e prática psicodramática se articulam. *Temas*, ano XVI, nº 30/31, 1986, pp. 137-46.

__________. Uma encruzilhada ética. *Revista Brasileira de Psicodrama*, v. 4, fascículo 1, 1996, pp. 75-89.

PONTIGGIA, G. A maldição do faraó. Conto, vários autores. *Folha de S. Paulo*, 31/12/95.

REÑONES, A. V. Catarse de integração: uma pequena viagem etimológica-conceitual. *Revista Brasileira de Psicodrama*, v. 4, fascículo II, 1996, pp. 35-48.

ROJAS-BERMUDEZ, J. G. *Introdução ao psicodrama*. São Paulo, Mestre Jou, 1970.

SCAVASSA, A. J. A experiência psicodramática de Freud. "Escritos Psicodramáticos", 11º Congresso Brasileiro de Psicodrama, Campos do Jordão, 1998, a ser publicado em seus anais e na *Revista Brasileira de Psicodrama*.

__________. Transferência e psicodrama. *Revista Brasileira de Psicodrama*, v. 5, nº 2, 1997, pp. 67-80.

SHAVER-CRANDELL, A. *A Idade Média*. São Paulo, Círculo do Livro, 1982.

SKARMETA, A. *O carteiro e o poeta*. 5ª edição, Rio de Janeiro, Record, 1996.

SOLIANI, M. L. C. Realização simbólica e realidade suplementar. In: Vários autores. *Técnicas fundamentais do psicodrama*. São Paulo, Ágora, 1998.

SONENREICH, C., KERR-CORREA, F. e ESTEVÃO, G. *Debate sobre o conceito de doenças afetivas*. São Paulo, Manole, 1991.

SPENCE, K. *O livro da música*. Rio de Janeiro, Zahar, 1981.
SUASSUNA, A. *Auto da compadecida*. Rio de Janeiro, Agir, 1972.
TARDIVO, L. C. Brincar, prazer e necessidade. *Viver Psicologia*, ano 1, nº 7, 1993, pp. 21-5.
VITAR, F. A energia do gozo. *Viver*, ano 5, nº 55, 1997, pp. 22-4.
VOLPE, A. J. *Édipo: psicodrama do destino*. São Paulo, Ágora, 1990.
WINNICOT, D. *Realidad y juego*. Buenos Aires, Granica, 1972.

Médico formado em 1968 pela Faculdade de Medicina da Universidade Federal do Rio de Janeiro (UFRJ) que, naquela época, se chamava Faculdade Nacional de Medicina da Universidade do Brasil.

Psiquiatra, psicodramatista, professor-supervisor da Sociedade de Psicodrama de São Paulo (SOPSP) e do curso de especialização em psicodrama da SOPSP-PUC (Pontifícia Universidade Católica) de São Paulo.

Autor dos livros *Descansem em paz os nossos mortos dentro de mim* e *Ainda e sempre psicodrama*, editados pela Ágora, e co-autor de quatro outros livros.

Saxofonista e poeta com seus três volumes de *Croemas: Azulejo e Branco*, *Cadeira Austríaca* e *Sugestão de Outono*, ainda não-publicados, membro da Sociedade Brasileira de Médicos Escritores (SOBRAMES).